ホスピタリティ&グローイング・ジャパン
代表取締役会長
グローイング・アカデミー 学長
有本 均

全員を戦力にする人財育成術

離職を防ぎ、成長をうながす「仕組み」を作る

ダイヤモンド社

はじめに

私が長年勤めた日本マクドナルドには、人を育てる風土がありました。店を支えるアルバイトをクルーと呼びますが、社員はクルーを日常的に指導します。先輩クルーは、新しく入店したクルーを教えます。働く人すべてが教える人＝トレーナーになるので、非常に教育の効率がいい会社です。

私が入社2年目に店長になったときのことです。本社の営業部長が店にやって来ました。当時の私より3段階上の役職で、滅多に顔を合わせることのない人です。その営業部長に、私は唐突な質問をされました。

「お前の飯のタネは何だ？」

私は即答できませんでした。店長ですから、大事なことは売上と利益を上げることです。そのために必要なのはお客様を大事にすることでしょう。また、お客様が来店して満足していただくには、店の雰囲気を良くしなければなりませんし、そのためには店舗の清潔さを保つことも必要でしょう。

質問の意図をつかみきれぬまま、私はそのようなことを答えた気がします。
しかし、彼の言葉は意外なものでした。

「お前の飯のタネは、人を育てることだ」

この一言を、私は永久に忘れないでしょう。
店の成績は、ひいては店長である私の成績は、私の元で働く人によってしか達成されません。人を通してしか成果は出ないのです。意外な一言ではありましたが、言われてみて「確かにそうだな」と腑に落ちました。フードサービスは商品開発も大事ですし、サービスの質も大事。でも、そうした一つ一つを挙げていくと、どれにも必ず「人」がついています。

人を育てることが重要である、ということは、私にもわかっていました。店長育成プログラムなどでも繰り返し教えられたことでもあります。でも、営業部長に問われ、初めてリアルにそのことを理解したのです。

店長にとって一番重要な仕事は人の育成である。企業に置き換えれば、会社にとって最も重要な財産は人である。営業部長に問われてから40年経った今でも、私はそう信じています。

採用と教育に苦労されている企業は多いでしょう。私が長年、働いてきたサービス業は、その最たる業界ではないかと思います。就職氷河期と言われた時代は過去のこと。今は、業種を問わず「企業が人を選ぶ時代」から「人が企業を選ぶ時代」になりました。人を採れない企業は、「選ばれていない企業」であることを意味します。採用と定着に苦しむ企業の方は、そのことに気づく必要があります。

では、人に選ばれる企業になるには、どうすればいいか。大事なのは、「人が成長する企業」であるかどうか。つまり、人財育成がしっかりしている企業になることです。こういう時代ですから、優秀な人だけを採用することは至難の業。ですから発想を変えて、「入った人を全員育てる」ことを考える必要があります。本書では、そのためのヒントをみなさまにお伝えしたいと思います。

私は大学生のときに日本マクドナルドでアルバイトを始め、そのまま就職して24年間、勤めました。最後についたポジションが企業内大学である「ハンバーガー大学」の学長でした。その後、ファーストリテイリングに移り、今度は「ユニクロ大学」の部長職となりました。2つの企業で、人財育成のプログラムを作り、研修の企画をしてきたことになります。その経験をふまえて、2012年にホスピタリティ&グローイング・ジャパンを設立し、「グローイング・アカデミー」の学長として研修サービスを始めました。本書では、そこで展開してきたサービス業に特化した人財育成プログラムも合わせて、「入った人を全員育てる」ノウハウを述べていこうと思います。

なお、本書では人材ではなく、「人財」という言葉で統一することにします。これはホスピタリティ&グローイング・ジャパンの社内用語ですが、先に述べたように、会社にとって最も重要な財産は人である、という考えを示すものです。

ホスピタリティ&グローイング・ジャパンを設立した頃、私は人財育成の必要性を痛感してはいましたが、産業界はまだ人については「量的な余裕」がありました。今では、その余裕は失われ、多くの企業と経営者が「量的な不足」と「質的な不足」に苦悩しています。この変化は、私の想像を超えるものがありました。

また、この間に世代交代という変化も訪れました。私が人財育成についてお付き合いしている企業の多くが、二代目、三代目に引き継がれ、新しい企業風土を作ろうと努力されています。

経済成長とともに拡大してきた企業が低成長と人口減少のフェーズを迎え、これまでの「気合・根性・義理・人情」の経営から、システマチックなマネジメントに脱皮しようとしており、苦労する経営者がたくさんいます。空前の人不足となった現在、昔のような「嫌なら辞めろよ」と言わんばかりの人事は成り立ちません。危機感を持ち、変革を志向する経営者は少なくない。そうした経営者の方々に、私たちが提示する「仕組み化された人財育成」が、強い賛同を得ています。

本書では、私たちが提唱する「グローイング・サイクル」を中心に育成の考え方と手法を解説しますが、このグローイング・サイクルの最大の特徴は、現場主義を網羅しているという点にあります。ビジネスの実態に即しているので、現場では使いやすい手法です。

「研修もしっかりやっているのに、育たないんだよな」という企業担当者の声がしばしば聞かれます。多くの企業が、そのことを当の社員たちの能力や仕事の取り組み姿勢の問題として片づけがちですが、実は会社に問題があるケースがほとんどではないでしょうか。せっかく研修をしても、そこで学んだことを実際の仕事の場で活かそうとしていない。あるいは、活かすことをサポートしない。つまりは「やりっぱなし」であることが多いのです。

上司の仕事は、それをフォローすることですし、上司の育成力というのは、結局、教えたことを現場で実践させるかどうかにかかっています。そこで必要になるのは「要求」であり、できたかどうかを「評価」することです。要するに、「教育」は、「教育だけ」では意味がなく、実践させ、結果を評価することがセットにならなければ社員の能力向上にはつながらないのです。

これがグローイング・サイクルの基本的な考え方ですが、逆にグローイング・サイクルをしっかり回していけば、必ず人は育ちます。振り返れば、日本マクドナルドとファーストリテイリングは「要求」と「評価」を実に厳しく実践する企業でした。だから、両社の人財は育っているのです。

時あたかも国の主導による「働き方改革」が始まり、「自分の能力の足りなさを時間でカバーする」という、これまでのビジネスパーソンのやり方が通用しない時代となりました。では、どうすれば一定の時間の中で、人財を育てることができるのか。おそらく個々の手法は変わりません。大事なのは育成を「仕組み化」することであり、ということは人財育成を経営の問題であると捉え、モデル化して実践することでしょう。

全員を育てて戦力とするために必要なのは、社員としての「義務教育」を遂行し、底上げを図ることです。決して、奇手奇策があるわけではなく、普通のことを仕組み化して徹底することです。そして私は、そのことはサービス業に限らず、すべての業種に適用できる普遍的な手法と言えると考えています。

本書のアウトラインと活用方法

ここで本書のアウトラインを説明しておきます。

第1章　人を辞めさせずに育てる仕組み作り
第2章　「グローイング・サイクル」で人が育つ
第3章　店長（マネージャー）教育の真髄
第4章　成長につながる評価制度の設計と運用法
第5章　「教育と評価」で会社が変わった～3社の実践事例に学ぶ
第6章　働く人の「やる気」を引き出すTIPS

まず、第1章では、人財育成の基本を解説します。人が組織に定着し、育っていくために「教育」はもちろん大事ですが、それだけでは十分ではありません。教えられたことを実践し、結果を「評価」することが欠かせませんし、加えて「労働環境」を整える必要があります。

第2章では、私たちが大切にしている育成の考え方である「グローイング・サイクル」について解説します。基準を示し、教え、実践を要求し、評価をする。このサイクルを回すことで、人は成長します。

第3章は、人財育成の要であり、主たる担い手でもある店長(マネージャー)に焦点を当て、人を育てるリーダーの育て方について述べていきます。

第4章は、評価制度について。「グローイング・サイクル」の中の評価については第2章で説明しますが、ここでは全社の仕組みとしての評価制度について取り上げ、その導入と定着について詳しく解説します。

第5章は事例編です。人財育成に課題感を持ち、一から取り組みをスタートさせて組織活性化に成功した3社の事例をご紹介します。

最後の第6章は、働く人のやる気を引き出すためのちょっとした工夫についてQ&A方式でまとめます。第1~4章の理論をふまえてはいますが、じっくり読み解くのではなく、現場で困ったときに、さっと読んで実践できる内容にしました。

なお、人財育成に関する具体的なテーマやトピックについて、いくつかのコラムもところどころに入れましたので、合わせてお読みいただければと思います。

本書を読んでほしい方

本書は、次のようなタイプの読者を想定して書かれています。

- 若手やアルバイト社員の育成に課題を抱える店長（マネージャー）の方
- 人財育成の仕組み作りやプログラム作りに課題を抱える人事担当の方
- 社員の定着と成長に課題を抱える経営者の方

私たちはサービス業に特化した研修会社としてスタートし、今でもメインとなる顧客は小売りや外食などサービス業の方々です。とはいえ、「グローイング・サイクル」をはじめとする考え方や育成の手法は、実は普遍性があり、事実、サービス業だけでなく、顧客の業種は広がっています。

店長やマネージャーは、現場での人財育成に責任を持ち、ＯＪＴリーダーとして指導力を発揮することを期待されていますが、全社的な仕組みがないことが理由で悩みを抱える方が多いようです。仕組み化できることが問題解決の最善の方法ですが、あるいはそれには時間がかかるかもしれません。待ったなしの実践の渦中にある店長やマネージャーの方に、人財育成の基本を理解していただき、日々の指導にプラスアルファを加えていただければと思います。

人事担当の方には、ぜひ人財育成と評価について仕組み化の重要性をご理解いただき、実践に結びつけていただきたいと思います。

このことは経営者の方にも言えます。会社が成長するステージに合わせて、人財育成と評価の手法はブラッシュアップさせる必要があるでしょう。第1章からの考え方をご理解いただき、第5章の企業事例でどのように実践するか、仕組み化するかを読み取っていただければと思います。

それでは前置きはこのぐらいにして、本編に入っていきましょう。

全員を戦力にする人財育成術　目次

第 1 章

人を
辞めさせずに育てる
仕組み作り

1

本章では、まず「人財育成がなぜ大事なのか」という
概論を語ろうと思います。
「人財育成が大事なんて、当たり前じゃないか」と思われる方は、
ここを飛ばしていただいても構いません。
ただ、そんな方にも「あなたの会社の若手社員は、
本当に育っていますか?」と問いかけたい気がします。
人財育成が大事だと考えていても、
その実践が適切でなければ、人は育たないでしょう。
今の育成方法が正しいものかどうか。
読みながら、そんな自問をしていただければと思います。

また行きたくなる店の共通点は何か？

サービス業の基本は人の力

企業にとって、人財育成は重要です。業種の別を問わず、また現状で、どのような育成を実践しているかどうかは別にしても、人財育成が重要であることを否定する人はいないでしょう。では、どうして人財育成は重要なのでしょうか。まず、その「当たり前」に感じられることがなぜなのかを検討してみましょう。

私は、サービス業は人が人をもてなすピープルビジネスだと考えています。高級なフレンチであろうと低価格のファストフードだろうと、雰囲気のいい清潔な店で良質な接客を受ければ、お客様は「また来てみたい」と思うでしょう。それだけでなく知り合いに教えたり、SNSで情報を発信したりと、PRをしてくれるかもしれません。そのような連鎖が売上を押し上げ、利益を伸ばして事業が拡大していくことになります。その起点になるのが良質な接客であり、それを提供する人の力であるわけです。人が介在しなければ成り立たないビジネスですから、ピープルビジネスということになります。

また、人の力は「対顧客」についてだけ発揮されるわけではありません。いい店の条件はいろいろありますが、肝心の商品だけでなく、店の清潔感や良いチームワークが醸し出す雰囲気も、また重要です。それを支えるのは、店舗スタッフの人間性と人間関係。つまり、ここでも、人の力が問われるのです。

そのように考えると、サービス業における長期的な成長とは、働く人の成長なくしては実現できないことがよくわかります。もちろん、サービス業に限らず、働く人の成長は、企業の成長と不可分な関係にあると思いますが、ここではサービス業に絞って、話を進めましょう。

何が外食産業の明暗を分けたのか

私が長年働いてきたフードサービス業界は、激しい競争を繰り返して今日に至ります。例えばファストフード業界に限ってみても、そうでした。1970年代から80年代にかけて、食品会社や流通企業などがファストフードに次々に新規参入し、群雄割拠の状態になりました。バブル期に向かって、外食ブームが起こり、みんなが成長していったのです。

ところがバブル経済が終焉した90年代になると、チェーンの多くが衰退していき、戦線を縮小、あるいは営業をやめる企業も続きました。残ったのは、日本マクドナルドなど、少数のフードサービス企業だけで、その後も成長していくことになります。

生き残った企業と消えた企業。その違いは何だったのか、一概には言えませんが、私は働いている人の違いが大きい、と感じています。教育の差と言ってもいいかもしれません。教育が行き届き、優れたスタッフが多い店（チェーン）は、行ってみればわかります。商品とサービスの違いもありますが、何よりＱＳＣ（クオリティ、サービス、クリンリネス）がまったく違うのです。

人不足で採用が難しくなった

ところで、人不足の傾向が明らかな現在は、人を教育し成長させるという以前に、人を確保することが喫緊の課題になっています。とにかく人を採用しなければならない。質の問題より、量を追うことが優先される状況です。しかし、実際のところ、人の確保と人の成長は、根っこの部分が同じなのだと思います。働く人の立場からすれば、自分が成長できる場所（会社）で働きたい、と多くの人が考えます。そして、労働環境が良く、いい教育をして人が育つ場所（会社）には多くの人が集まりますし、簡単には辞めない、ということになります。ですから、人を辞めさせずに育てる「仕組み」があるかないかは、企業の存亡に関わる重要なポイントと言えます。

「仕組み」は本書でこの後、何度も出てくる言葉ですが、多くの社員がそのことを共有し実践できることを意味します。特定の教え上手が、その人独自の考え方とやり方で周囲の仲間を育てる、ということではありません。逆に、特別な教え上手がいなくても、考え方と手法を習得することによって、誰でも一定レベルの教育ができます。それを、私たちは目指すべきでしょう。そのような仕組みが浸透すれば、教えること、教え合うことが会社に文化・風土として根づいていきます。そして、そのことが企業の魅力となり、人が集まり、定着して成長していくことになります、それこそがサービス業に限らず、すべての企業が目指すべき姿なのではないでしょうか。

人不足は深刻さを増し、企業が好きなように働く人を選べる時代は終わった、と言っていい

1-1 少子高齢化が進んだ

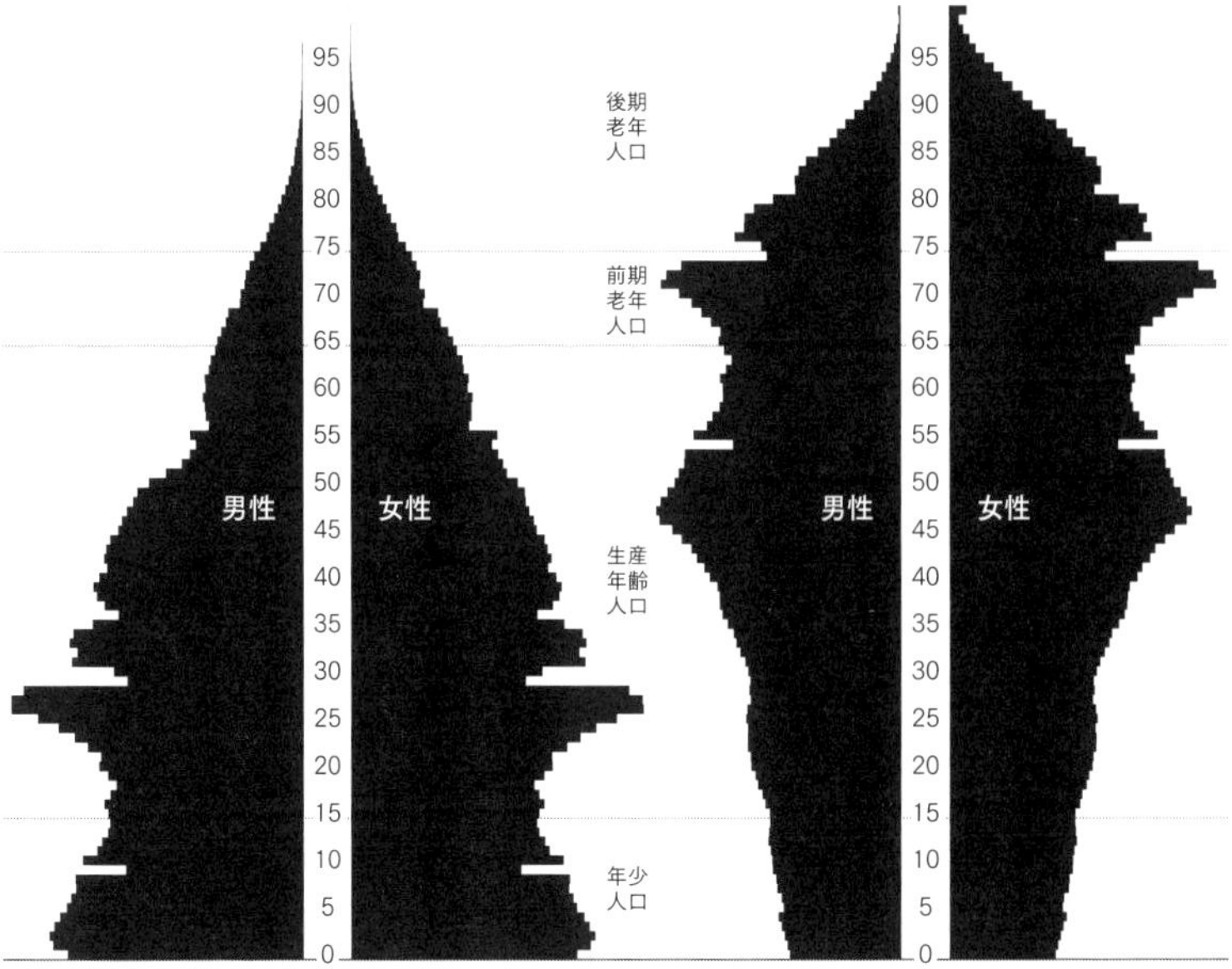

1975年の人口ピラミッド　2020年の人口ピラミッド

出所：総務省統計局、国立社会保障・人口問題研究所『日本の将来推計人口（平成29年推計）』

でしょう。私個人の感覚で言えば、店長がアルバイトを選べる時代は1980年代前半で終わったのではないかと思います。

上図に示したのは日本の人口ピラミッドで、左が1975年、右が2020年（予測）のデータです。この間の変化は著しいものがあります。少子高齢化の傾向は一目瞭然であり、労働人口が大幅に減少していることがわかります。正社員はもちろんのこと、アルバイトであっても採用難になったのは当然と言えます。

採用基準に満たなくても採用せざるを得ない

私の会社で付き合いのある福岡の居酒屋チェーンで3年前に聞いた話ですが、ある店長は「過去2年間、一人も不採用を出していない」と言っていました。応募してきた人、全員を採用している、と言うのです。3年前の時点で過去2年間ということですから、5年前から不採用を出していないことになります。

その店長によれば、たとえ、どんな身だしなみの応募者であっても採用するというのです。とりあえず人を確保しないと店舗運営に支障が出るからで、「身だしなみが良くないぐらいなら、なんとかなりますよ」と店長は言っていました。ただ、そのようにして採用を決めても、半分は出社して来ないそうです。

本来であれば、採用ラインに到達しない応募者でも採用せざるを得ない状況です。それほどまでに激しい人の奪い合いになっていますから、私たちが「人を選べる時代は終わった」と言うと、サービス業の方は、ほとんどが同意して頷いてくれます。店長であればアルバイトの採用について「その通り」と感じているし、人事の人であれば社員採用について「その通り」と頷くのです。

「人を選べる時代は終わった」。だからこそ、私たちは辞めさせずに育てることを真剣に考える必要があります。

ところで、「辞めさせないで育てる」の反対語は何だと思いますか？「ダメな人は入れ替える」です。いささか乱暴な表現のように感じるかもしれませんが、日本の企業はおおっぴらには言わないものの、実際にそのようにして大きくなってきた会社がたくさんあるのではないでしょうか。おそらく、ほんの数年前までは、それが通用したケースもあるはずです。しかし、いよいよそれもまったく通用しなくなりました。そして、このような事態が、これからしばらくの間、好転することはありません。

ですから、私たちは「どんな人でも辞めさせないで育てる」という覚悟を持たなければなりませんし、精神論ではなく、方法論をもって人の育成に取り組む必要があります。その方法論のことを、本書では「仕組み」と呼んで、以下に解説していこうと思います。

人財育成の基本は「人が辞めない理由」を作ること

企業がやるべき3つの整備

人を育成するために、企業がしなければならないのはどのようなことでしょうか。いろいろなことがありそうに思えますが、私が考える「やるべきこと」は、大きく3つに集約されます。それは、「教育」「評価」「労働環境」の3つです。きちんと教え、それを評価し、働く環境を整備することが、育成の大前提です。

教育といえば、「研修やOJTなどで教育すればいいのね」と連想が働くのではないかと思いますが、それだけでは不十分だというところが、とても大事なポイントです。ただ教えればいいというものではない、ということです。

「教育」「評価」「労働環境」の3つをきちんと実施し、整備すると、辞めない理由ができます。次ページの図1－2のように、「キャリア・ステップが見える」「短・中・長期の目標を持つ」

1-2 “辞めない理由”を作る

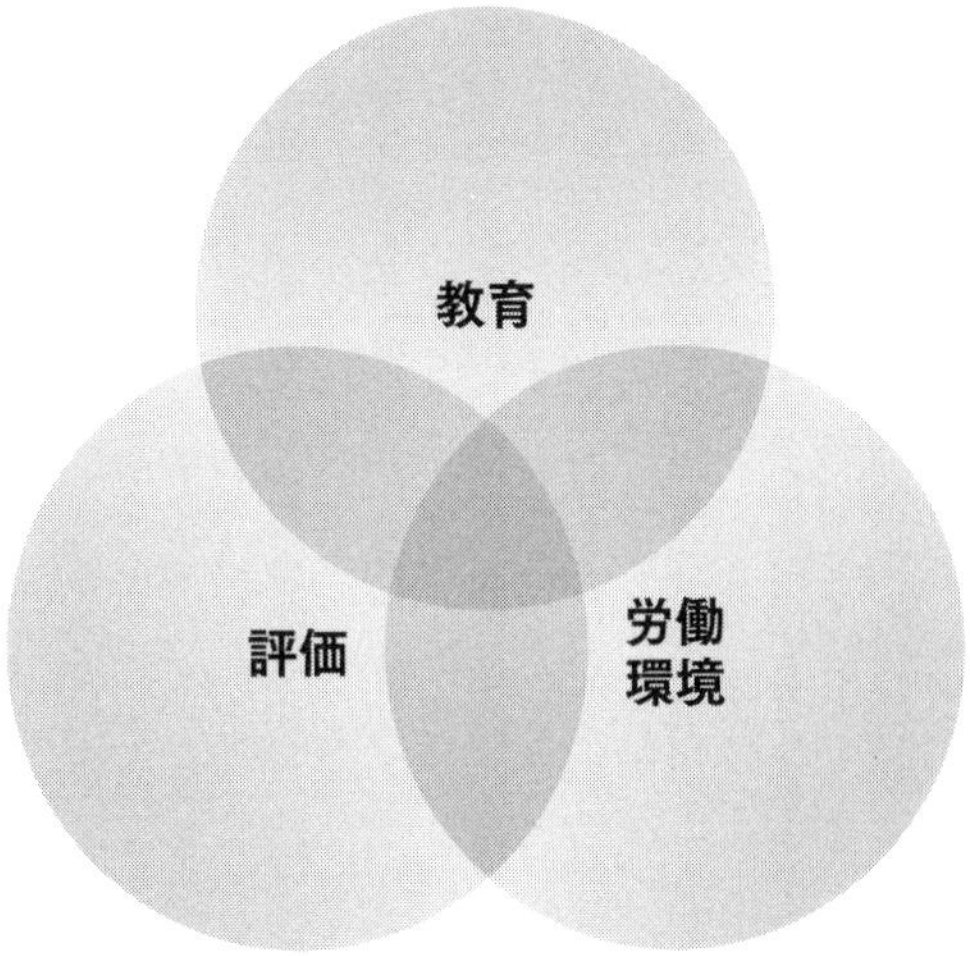

キャリア・ステップが見える

短・中・長期の目標を持つ

成長意欲が満たされる

自己重要感が持てる

やりがいを感じられる

人間関係が良い

「成長意欲が満たされる」「自己重要感が持てる」「やりがいを感じられる」「人間関係が良い」は、辞めない理由の代表的なものでしょう。以下、順を追って説明しましょう。

キャリア・ステップを示す

「キャリア・ステップが見える」というのは、「仕事で頑張ればこうなる」ということを仕組みとして見せる、ということです。仕事を続けていった結果、近い将来、どのぐらいの収入になるのか、どんなポジションに就けるのかを、明示するのです。

例えば、結婚を控えた20代を想定してみましょう。たとえ今の仕事にやりがいを感じているにしても、将来の自分たちの姿を考えるとどうでしょう。先々のステップが見えなければ、「頑張ってこのまま仕事を続けてどうなるんだろう」と不安になるのではないでしょうか。そこで、例えば10年後に年収がいくらになり、ポジションがこうなる、頑張ればそうなる可能性がある、というのを見せてあげるのです。

かつては、そんな必要はありませんでした。私が店長だった30～40年前は、経済が右肩上がりの時代。給料は年々上がりますし、店舗拡大のペースも速いので店長などのポジションもどんどん増えますから、将来に不安を感じることなどはなかったのです。しかし、言うまでもなく、そんな時代はとうに去り、今はなかなか先を見通せない状況になりました。それだけに、先々のステップを明示して、やりがいを喚起する必要があるのです。

サービス業の経営者と話をすると、「本当に優秀な店長なら、年収1000万円にしても構わない」と真顔でおっしゃる方が多いですし、現にフードサービス大手企業では、そういう事例も出始めています。何も、高額であることが大事なのではなく、そういうビジョンを示すことが重要なのです。

短・中・長期の目標を持つ

2つ目の「短・中・長期の目標を持つ」。このうち長期目標というのは前述したキャリア・ステップのことです。それは大事ではありますが、会社側にとっては、目の前にある仕事をちゃんとやってもらうのが大事。つまり短期・中期の目標ということで、それを積み重ねていくことが将来につながる、ということです。

そこでカギになるのは、頑張った見返りを見せることです。「今、この仕事を頑張れば、次の評価がこのように上がる」というように。この見返りが見えないと、最後の根性が出ないものです。何度も繰り返しますが、右肩上がりの時代はとうに去り、今はなかなか先を見通せません。頑張りの見返りを仕組みにして見せられるかどうかが大事です。

私はマクドナルドにいたとき、これをやるとQSCの点数が上がる、QSCの点数が上がると自分の評価が上がる、そうなると役職が上がる、と考えていました。そのように先が見えなければ、目の前の仕事、例えば、店にとって大事だけれどやるのがつらいトイレ掃除など、とてもではありませんが、できないのです。目の前の仕事をしっかりやることが、将来につながっていく。それが実感できるような目標を持たせることで、働く人のモチベーションが上がり、成長を促すことになります。

成長意欲が満たされる、自己重要感が持てる

次の「成長意欲が満たされる」「自己重要感が持てる」は、教育と評価の両方に関わる「辞めない理由」です。

この2つは、100%の人が抱く欲求であると言われています。ということは、それを満た

してあげれば会社に長くいてくれるということでしょう。

しかし、多くの会社で、働く人のその欲求は必ずしも満たされていないようです。よくあるのは、部下に対して「あいつに成長意欲があるとは思えないな」などと決めつけるような上司の存在です。

でも、ほとんどの場合、それは当人に成長意欲がないのではなく、それを引き出していない、ということではないでしょうか。そういう視点を持てば、成長意欲を刺激するような何らかのアクションが生まれてくるはずです。本人のせいにしているままでは、永久に何も生まれません。成長意欲があるのだけれど、表に出させていないとすれば、上司のせい、会社の責任、ということになります。

「自己重要感」は、デール・カーネギーが著書『人を動かす』（邦訳／山口博、創元社）で紹介している概念で、①人はみな、自分が重要な人間だと思いたい、②周囲の人間に、重要な人間だと思われたい、という気持ちのことを指します。

成長意欲が満たされ、自己重要感を持つことは、教育と評価を仕組み化することで可能になります。

ところで、再三出てきた「仕組み」という言葉ですが、「仕組みにする」の反対語は何だと思いますか？

正解は「上司の力量に任せる」です。

人財育成については、上司任せにする、と言った時点でアウトです。なぜなら、上司の力量は個人差がきわめて大きいからです。育成能力がある人の下についたらラッキーですが、そうではない人の下についたら不幸。同じような能力の人が、上司の違いによって1年後2年後に、大きな格差がついてしまうことになります。そして、そうした格差を、会社は本人のせいにしがちです。

「仕組み」というのは、このような個人の能力に依らない、みんなが共有できる手法を言います。

やりがいを持たせる仕組み

次の「やりがいを感じられる」については、人が育つ上で当然のことと思われるでしょう。

確かにその通りなのですが、昨今は、少し難しい要素が出てきました。それは、やりがいが多様化している、ということです。具体的に言うと、サービス業の中で、「店長になりたくない」という若手社員が増えており、経営者の悩みのタネになっています。もっとも、最近は商社などでも、海外勤務をしたくない、という若手が増えているそうですから、やりがいの多様化は普遍的な現象であるのかもしれません。

私などの世代からすると、「店長になりたくないなんて、何のためにサービス業に就職したんだ」と言いたくなりますし、頑張れば店長になれる、ということをインセンティブにして人事制度を設計してきた企業にとっては、それに反するややこしさを抱えることになります。

しかしながら、こうした新しい現実にも対応しなければ、企業は人財を確保することが難しくなります。これについては、役職が上がらなくても、頑張れば給料は上がるというような、少しの工夫で対応は可能でしょう。

店長になりたくない、という理由は「重い責任を持たされたくない」とか「店長の処遇に魅力がない」など、さまざまだと思います。たとえ旧来型とは異なる価値観を持った人にも、いかに頑張ってもらうかが大事なポイントになります。店長の処遇を改善するということも、考慮されてもいいかもしれません。

ここでも、仕組み化によって対応することが必要です。

人間関係も労働環境の要素

「人間関係が良い」というのは、「残業の見直し」と並んで企業が整備すべき労働環境です。業種を問わず、辞める理由のナンバーワンは人間関係ではないでしょうか。ただ「良い人間関係」を築くことも、仕組みでカバーできます。

そこで問われるのは、上司の「人間力」でしょう。しかし、先に挙げた育成と同様に、リーダーの個性に任せたら、問題はなくなりません。信頼関係を築くためのコミュニケーション・スキルやリーダーシップ・スキル、育成スキルを上げるためのティーチング、コーチング、カウンセリングの研修を受講させることで、改善することができます。ただ、研修をするだけでなく、マネージャー層の評価項目として育成力、チームビルディングやリーダーシップという、研修内容に紐づく要素を取り入れることが大切です。そして、役職定義を作成し、その評価項目を明記することも重要です。すぐに100点にはならないかもしれませんが、年月を積むことによって点数を上げていくことは可能です。

「どうせ辞めるから教育はしない」は正しいか？

━人間力を高めることが人財育成の基本

「お前の飯のタネは、人を育てることだ」

店長になったときに言われた一言については、「はじめに」でも紹介しました。

マクドナルドの人財教育の根本は、「人間力を高めること」にあります。調理技術や店舗オペレーション能力が重要であることは言うまでもありません。しかし、それらの根本にあるのは、人間力である、というのです。当時の企業としては画期的な考え方ではないかと思います。

オペレーションは、教えればできるようになります。しかし、人が体現する接客をはじめとするサービスは、まさに人間力そのものがモノを言います。持って生まれた個性というものもあり、人間力はそう簡単には涵養できないものです。しかし、前述のように、この人間力でさえ、教育と評価を仕組みにすることで向上が可能なのです。

現場の教育はゴールが明確

日本企業のマネージャーが人を育てるのが下手なのは、会社が育成のゴールを明確に決めていないことがあると思います。リーダーが部下を教えるといっても、どういう状態にするかは、人によって違うでしょう。そこには大きな個人差があります。苦手な人は永久に苦手、というものかもしれません。

現場の教育は、ゴールが明確です。「いつまでに、これができるようになってほしい」という要求が明確だから、教える側も教えやすい。私が在籍していた当時の日本マクドナルドの場合、アルバイトであれば、30時間という教育の区切りがあって、その間に何と何ができるようになるか、というゴールがありました。期間で言うと、1週間から10日です。その後も、期間は決められていませんが、ランクがあり、それぞれクリアするべき基準があります。それぞれ基準があるので、教える側はわかりやすいのです。

そのように、社員もアルバイトも、新人教育が終わった後の教育がしっかりしています。現場では、気がついたときに気がついた人が教える、ということもあります。営業時間内でも、教えることは負担にはなりません。教えることに慣れているからです。

ゴール設定とサポートを仕組み化せよ

そのような教える文化がない企業でも、決して難しく考える必要はありません。ステップ1として「どうなってほしいか」「どういうことができるようになってほしいか」、それをまず会社で決めることです。と言うのは、人財育成にはゴールが必要だからです。正社員でもアルバイトでも入社（あるいは入店）からステップごとのゴール設定を決め、周囲がそれをサポートしていくというように、仕組み化することが必要です。

誰に対して、どのように教育するかは、会社の考え方と方針によって違いがあるでしょう。しかし、人を選べない時代だからこそ、限られたメンバー全体の底上げを図ることが大事です。つまり「選抜型教育」ではなく、誰もができなければならないことを身につける「義務教育」が大事ですし、その重要性はこれから増していきます。人不足の時代に、基準より低い人を入れ替える、という選択はないのですから。

サービス業を例にとれば、義務教育とはつまり、「身だしなみ」「挨拶」「言葉遣い」から始まる、最低限、身につけなければならないことです。これらの水準が低い人たちは、お客様に迷惑をかけているかもしれない人たち、とも言えます。だからこそ、なんとか彼らを上に持っていかないと、長期的な業績に影響していきます。

教えたことを実践してもらうよう要求する

ゴール設定と同時に、「要求する」ことも、育成のカギとなります。つまり、教えたことをちゃんと実践してもらう、ということです。これについては次章でグローイング・サイクルの説明をする中で再度、述べますが、この「要求する」ことがしっかりとできていない企業は少なくありません。

「要求しない」ということは、「教えても、やりっぱなし」ということです。研修やＯＪＴなどを通して一通りのことを教えたとしても、やりっぱなしでは身につきません。「いや、それについては教えましたよ」と言って済ませていてはダメなのです。きちんと要求しないし、しかも評価という見返りもない、だからやらない、という連鎖から逃れることができません。やってくれるように要求し、やったら評価する。そうすれば、誰でもやるようになるのです。

教育はコストではなく投資である

企業にはいろいろなタイプがあり、育成が大事だ、と口では言うものの、それほどの実践はしていない、という企業もたくさんあります。育成に関して一番大事なのは、経営者の考え方です。これに尽きるでしょう。業績が悪化したとき、真っ先に削られるのが教育費であるというのも、よくわかります。教育費は変動費である、と考えれば、それはコスト削減の対象になるからです。そうではなく、経営者が人財育成を投資と考えられるかどうか、それがポイントです。

「そんなことを言っても、せっかく投資をして教育しても、退職されてしまうのではかなわない」という会社側の声もよく聞かれます。確かに、手をかけて育成に努めたとしても、辞める人はゼロにはならないかもしれません。

では、「どうせ辞めるから教育はしない」というのが正しいか。会社にとってメリットになるのでしょうか。今、働いている社員たちが育つことが業績に直結するのです。まず、そのことを考えるべきでしょう。コストをかけて教育をして、辞める社員がいたとしても、別にマイナスになるわけではありません。大きな目で見れば、その人は成長してくれているわけですから、他の会社に送り出せばいいのではないでしょうか。

それ以前に、きちんとした育成の仕組みがあって教育と評価ができていれば、辞める人は少なくなります。教育の効果は、必ず離職率を下げます。ですから、教育してもどんどん辞めていくというのは、ちょっと矛盾を感じるのです。その教育は、的を射ていないのではないでしょうか。

私たちの人財育成の考え方は非常にシンプルです。企業が人財育成に投資をする理由、それは情緒的な話ではなく、最終的に「利益を獲得するため」に他ならないと私たちは考えます。ビジネスにおいて、売上、利益を上げるためには顧客満足（CS）が不可欠であり、それは「人によってしか」向上しないのです。接客をするのも人。スタッフをマネジメントするのも人。ですから当然のこととして、利益のベースとなるのはしっかりとした人財育成であり、これなくして長期的な利益の獲得、企業の発展はありません。

人財育成の本質は、前に述べた「教育」「評価」「労働環境」の3点です。これをしっかりやることによって、離職率も下がりますし、採用状況は必ず好転します。一人の人を奪い合う売り手市場の状況の中、「人に選ばれる会社」になるためには、これも繰り返しになりますが、そこで働くことによって成長できるかどうか。それを軸に企業を選ぶ人がとても多いのです。

「教育」「評価」「労働環境」を整備して、「辞めない理由」を作ること。そして、いつ、どこまでできるようになるかというゴール設定をし、教えたことを実践するように、しっかり要求すること。加えて、やったこと、できたことについては、きちんと評価すること。

これが人財育成の基本であり、まず実行しなければならない大前提です。

寝耳に水だったハンバーガー大学学長への就任

店長に憧れアルバイトから社員へ

ここで、少し個人的な話になりますが、人財育成の考え方と、次章で述べる「グローイング・サイクル」という育成手法がどのような経緯で生まれることになったのかを知っていただくために、ハンバーガー大学、ユニクロ大学での経験についてご紹介したいと思います。

大学1年生のとき、当時まだ50店舗ぐらいだった日本マクドナルドでアルバイトを始め、1979年に社員として入社しました。アルバイト時代に出会った3人の優秀な店長に憧れ、自分もマクドナルドの店長をやってみたいと思ったからです。

入社2年目に店長になり、その後、8年で7店舗の店長を務めた後、スーパーバイザーになりました。あるエリアで10店舗ほどを担当し、店長を指導する立場です。それからエリアマネージャー、統括マネージャーを歴任しますが、入社以来、ずっと現場の仕事でキャリア形成していたことになります。統括マネージャーは40～50店舗を担当し、スーパーバイザーや店長を指導しながら売上、利益、ＱＳＣの向上を、日々追いかける仕事です。その仕事は、数字の責任の範囲が広くなるという厳しさがありましたが、自分の思い通りに多くの店舗をマネジメントする楽しさがありました。

そのように現場での仕事に愛着を感じ、ずっとそれを続けていきたいと考えていましたので、ハンバーガー大学の学長の辞令は、寝耳に水でした。

大量出店で店長が足りない

当時の状況を説明すると、日本マクドナルドは「サテライト戦略」を打ち出し、規模の拡大を図ろうとしていました。サテライトとは「衛星」を意味しますが、母店の周辺にあるショッピングセンターなどの商業施設に、小規模店を数多く出店していこうという戦略です。

結果的に、およそ5年で１０００店舗を超えるサテライト店を出店することになりましたが、課題だったのが店長の育成でした。正確には、社員ではまかないきれないため、「スウィングマネージャー」というアルバイトリーダーを育成して、店長業務を任せることになりました。

そのスウィングマネージャーを早期に、しかも質を担保しながら大量に育てることが、ハンバーガー大学学長である私に課せられたミッションだったのです。

現場のエリアマネージャーやハンバーガー大学のスタッフなどとディスカッションをしながら、2つの方針を決めました。1つはアシスタント・マネージャー育成プログラムを大改訂すること、2つ目はスウィングマネージャー向けの集合研修を実施することです。社員以外のスタッフが集合研修を受講することは、それまではなかったことでした。

言わば、それまでの育成の仕組みを再構築したことになりましたから、反対を受けたわけではありませんが、社内ではかなりの反響がありました。新たな仕組みを作り、検証を重ねながらカリキュラムを見直すことで、3カ月でスウィングマネージャーを育成するというプログラムになりました。これは、従来の4分の1という短い期間でした。

店長時代の経験を活かして人財育成へ

店舗展開を急ぐという会社の方針があったので、大変ではありましたが、スウィングマネージャーの早期育成には店長時代の経験が活きました。というのは通常店舗の新規開店（グランドオープン）では、アルバイトリーダーの早期育成が最も重要な課題で、その経験が私には何度もあったからです。オペレーション・スキルを短期間で教え、最低限のコミュニケーション・スキルを習得させる。それに関しては集合研修が有効でした。結果としては、アシスタント・マネージャー育成プログラムの大改訂、アルバイトリーダー向けの集合研修とも会社からは評価されました。

一方、同時期に、アメリカのマクドナルド本社で人財育成の仕組みが変わり、新しい研修が次々にリリースされていましたが、それらの日本への導入も担当することになりました。つまり、私がハンバーガー大学の学長を務めた時期は、日本マクドナルドにとっては経営上の大きな節目にあったことになります。そこで、さまざまな育成手法を検討し、また実践していったことが、現在提唱するグローイング・サイクルなどのベースになったことは間違いありません。

これらは、今考えても、実に貴重な経験だったと言えます。

この経験を通して、人は素質の有無に関係なく、一定の目標を設定して（その期間は短いとしても）計画的に教えることで成長することを理解しました。多くの方が、私たちの期待に応えてスウィングマネージャーとなり、実質的な店長の役割を見事に果たしてくれたのです。

ただ私は、そのような経験をふまえて、人財育成のプロになろうと考えたわけではありませんでした。学長の仕事を終えた後は、また現場の仕事に戻るつもりでいたのです。人財育成はとても面白いし、やりがいもありましたが、最終的には利益をしっかり出していくための手段だと思っていたからです。

ユニクロ大学でも教育の仕組み作りに着手

ですが、人の運命はわからないもの。その後、縁あってファーストリテイリングに移り、ユニクロ大学の仕事をすることになりました。２００３年、46歳のときでした。当時のユニクロは「フリース」ブームで爆発的な成長を遂げましたが、ブームが一巡し、一時的に業績が悪化していました。急成長したものの、その成長に教育が追いつかず、教育の体系を再構築する必要があったのです。

ユニクロ大学でもいろいろな施策を実施しましたが、例えばグローイング・サイクルでも重要なポイントである評価制度については、それまでにはなかったアルバイトの評価制度を導入しました。簡単に言えば、普段の頑張りを見てあげて、ちょっとずつ時給が上がるような仕組みを取り入れたのです。また、新人アルバイトの教育プログラムも作りました。アルバイトの早期離職を減らし、より長く働いてもらう仕組みが必要だと考えたからです。社員に対しては、働く人を大切にするピープル・スキルの研修などを始めました。そのいずれにも、ハンバーガー大学での経験とノウハウが活きたことは言うまでもありません。

このように振り返ってみると、前に述べた「教育」「評価」「労働環境」という人財育成の大前提が、すでに、この頃から私の考えの基本になっていたことにあらためて気づかされます。

そして、それらの経験と考え方がベースになって、後にグローイング・サイクルという育成手法ができていくのですが、当時は、人財育成が自分の仕事になるなどとは想像もしていませんでした。

次章では、グローイング・サイクルを中心に、人財育成の具体的な実践について、解説いたしましょう。

COLUMN 1

「働き方改革」時代の人財育成

２０１９年４月より施行された働き方改革関連法は、サービス業の現場にも、大きな影響を及ぼし始めています。残業時間を減らすことはもちろん、全体に労働時間の短縮に乗り出す企業が増えています。ただでさえ人不足であるのに、それに加えて労働時間が制限されるのは、経営にとって二重苦です。

働く個人にとっては、労働時間が短くなるのは喜ばしいことかもしれません。ただ、決していいことばかりではないような気もします。能力の乏しさを労働時間の長さでカバーしてきた多くの労働者（私も間違いなく、そんな一人でしたが）にとっては、なかなか厳しい状況と言えます。業績も上げなければならないし、スキルアップもしなければならない。でも、これからは、そのために労働時間を長くすることなどは不可能です。

しかしながら、もはや時計の針を巻き戻すことはできません。この際、企業経営においては考え方を大きく切り替えて、労働時間を短くすることで、一人一人の生産性をいかに上げるかに取り組むことが妥当でしょう。この機を利用して、逆に働きやすい環境にすることを武器に、人不足を乗りきるぐらいに考えた方が良さそうです。個人にとっても、一定の時間で生産性を上げながら、なおかつスキルを向上させる方法を考える必要があるかもしれません。

言うまでもありませんが、働き方改革の時代でも、企業は人財育成を怠るわけにはいきません。本文で述べたように、人財育成は企業にとって欠かせない投資ですから、それを欠くことになれば、顧客満足度は下がり、ひいては売上・利益が損なわれることにもなりかねないでしょう。

人財育成が欠かせない投資であるならば、むしろそれを強化して、**人財育成を企業の特徴にする**ことを目指すべきです。あの企業に入社すれば、学びの機会が多く、仕事を通して成長することができる。そんなブランディングの確立を考えてみてもいいでしょう。離職率を何%下げて、採用経費などのコストを効率化する、というような目標を設定することもできそうです。採用のためにも、また社会に対するアピールとしても、それは有効に作用するのではないでしょうか。「働く人に優しい」というイメージを形成するツールにするのです。

そう言えば、グローイング・アカデミーを運営してきた8年の間に、教育についての企業の考え方が変わってきたことに気づきます。かつては休日を使って、あるいはシフトの後の時間を使って研修を受講させるようなケースも多かったのですが、そうした企業は明らかに減ってきました。社員教育も業務の一環と捉え、シフト中に受講させる企業が増えてきたのです。当然のこととは言え、働く人の立場に立って、企業の考え方も変わってきたと言えます。

企業にとってはコスト高にはなりますが、その意味では、働き方改革的な動きは、すでに起こっていたと言えるかもしれません。そういう経営が求められる時代になったのです。

第2章

「グローイング・サイクル」で人が育つ

2

本章では、人を育てる方法論である
「グローイング・サイクル」について詳しく解説します。
前章で述べた、人が辞めない理由である
「教育」「評価」「労働環境」を前提に、
基準を示し、教え、実践を要求し、評価をする。
このサイクルを回すことで、人は成長します。

利益を生み出す土台になるのは人財育成

企業が人を育成しなければならない理由

前章では、人財育成が企業にとって重要である理由、その背景、また「教育」「評価」「労働環境」の3つを整備することによって「人が辞めない理由」を作ることが育成の大前提である、ということを解説しました。続いて、より具体的な育成の手法について話を進めていきます。

人財育成について企業の方から相談を受けたとき、まずお話しするのが「グローイング・ピラミッド」についてです。なぜ企業が、少なからぬ手間とコストをかけて人を育成しなければならないのか。その理由について、しっかりと腹落ちしていないと、育成を徹底できない恐れがあるからです。とはいえ、理解していただきたいのは決して難解なことではなく、ごく当たり前の理屈です。

2-1 グローイング・ピラミッド ～人財育成が利益を生む

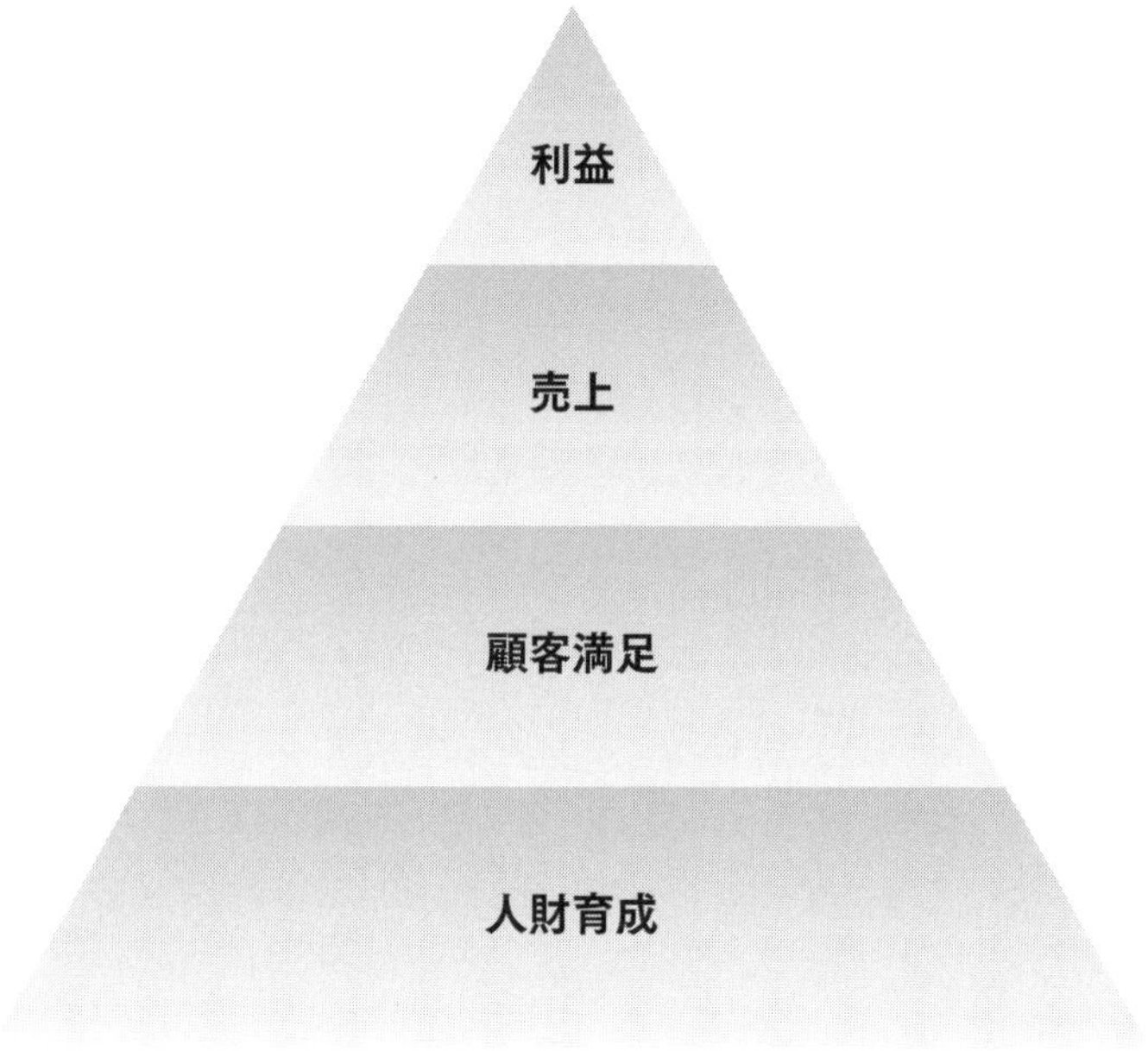

図2－1をご覧ください。企業として一番大事なのは利益を出していくことであり、利益を上げるためには売上を伸ばす必要があります。また、売上を伸ばすためには、お客様の満足度を上げていくことが必要でしょう。そして、お客様の満足度を上げるのは、商品のみならず、その商品を販売する人にも左右されます。つまり、人を育てることが必要であり重要である、ということです。

このピラミッドの中で、人財育成は、一番大事な土台の部分。

当然ながら面積も最も広い。ですから、ここに時間とコストをかける必要があるのです。

このことは、私たちのメイン顧客であるサービス産業の方でしたら、素直に納得していただけると思いますが、実はあらゆる業種に共通する普遍的な真実でしょう。ＢｔｏＣの会社であればお客様は一般消費者ですが、ＢｔｏＢであれば法人顧客。商品やサービスを提供する対象は違っていても、その接点が社員やアルバイトという「人」である限り、やはり人財育成は欠かすことができません。

ポジションに応じた人財育成

どんな企業でも、人財育成の対象は多様です。新入社員からリーダー層、管理職層など、あらゆる階層について、そのポジションに応じた育成が必要になります。

現場レベルでの育成の目的をハッキリ理解してもらうために、サービス業のクライアントに、店長を対象にした「ピラミッド」を作ってもらうことがありますが、やはり店長の役割として売上・利益のために顧客満足度を向上させる必要があり、そのために人財育成が欠かせない。同じことを店長にも理解してもらうのです。つまり、店にとって働く人を育てることは、店長にとって利益を上げるために必要な「タスク」である、ということを。

そうは言っても、教える人もいないし、業務が多忙をきわめる中で、なかなか時間も取れない。だから、話としてはわかるけれど、育成などは手に余る……。そんな本音を漏らす方もいます。しかし、グローイング・ピラミッドのロジックで言えば、人を育成することを諦めてしまうとすれば、利益を上げることを放棄することになります。それは、企業としては採れない選択肢のはず。

では、どう考えるか。状況的には難しいかもしれないけれど、できることは何か、どうすればできるか、と考える必要があります。例えば自分自身ではできないのなら、他の人が育成を担当すればいい、というように。

全員がトレーナーになれる可能性がある

自分自身が店長時代に行っていたことの例をお話しすることもあるのですが、極端に言えば、昨日入ってきたアルバイトでも、指導役＝トレーナーになれます。初日にマックフライポテトの作り方をマニュアル通りに覚えてできるようになったとすれば、その人は次の日に新人が入ってきたら教えることができるのです。作業のスピードは遅いかもしれませんが、基本は教えることができます。つまり、全員がトレーナーになることができるので、人財育成の効率は圧倒的に高くなるのです。

「育成」という言葉を聞いて、特別な人が優れた教え方をするのが育成ではないのか、と構えてしまう方もいるかもしれませんが、その必要はありません。そうではなく、やり方はいろいろと工夫できるのです。いずれにしても、人財育成なくして顧客満足度は向上しないし、そうであれば売上も利益も伸びていかない。

そんな風に、このピラミッドの重要性を説明した上で、育成は「仕組み」にできますよ、と言ってご紹介するのが、次の「グローイング・サイクル」です。

グローイング・サイクルの4つのステップ

グローイング・サイクルとは何か

「グローイング・サイクル」は、人を成長させるための4つのステップです。「人を大切にする企業文化」という前提のもとで、「**1　基準を示す**」「**2　教える**」「**3　要求する**」「**4　評価する**」という4つをくるくる回すことで人は成長していくという考え方であり、育成の手法です。個々のステップを実践しているつもりでも、「人が育たない」「辞めてしまう」と嘆く企業は、このサイクルがどこかで途切れてしまっているのです。基準を示していないから、せっかく教えても本人の必要性を満たさない。あるいは、教えてはいるが、評価をしないから学んだことが身につかない、というように。

4つのステップについて詳しく説明する前に、グローイング・サイクルができた背景について、お話しします。

2-2 4つのステップで人は成長する

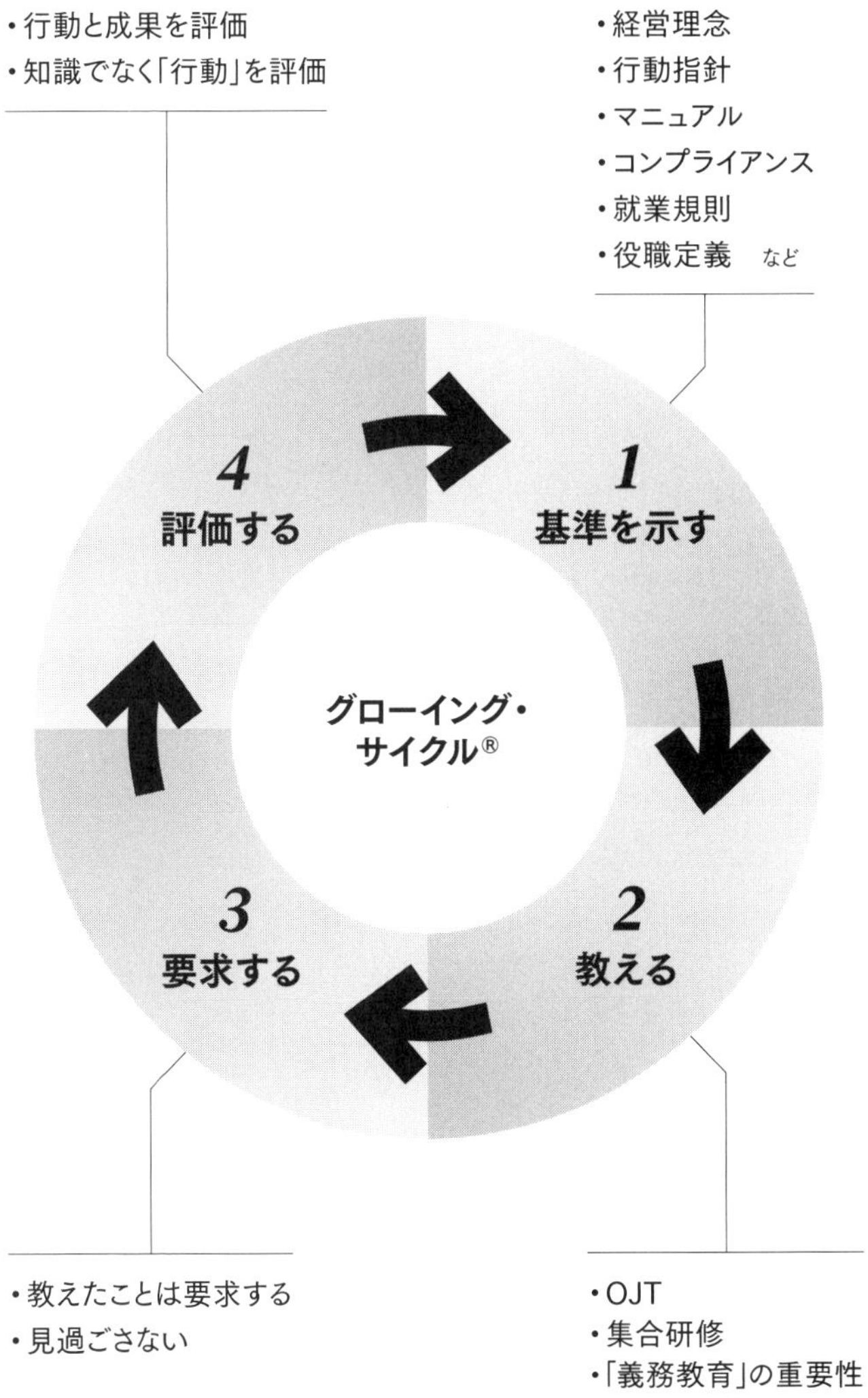

ホスピタリティ&グローイング・ジャパンを設立し、多くのサービス業の方を対象に研修を行いながら、私はどうすればその会社で働く人たち全員を育てることができるか、方法論を体系化したいと考えていました。

そこで、あらためて自分の経験を振り返り、ハンバーガー大学やユニクロ大学が教育と評価について何をやっているのかを洗い出してみました。マニュアルを作る、研修プログラムを作る、教育ツールを作るなど、育成のための手法やプログラムを洗い出してみると、かなりの量になりました。私自身がやってきたことも合わせて書き出して、それらを眺めていると、4つのカテゴリーに分かれることがわかりました。

その4つを簡単な言葉にして「1　基準を示す」「2　教える」「3　要求する」「4　評価する」とまとめたのです。この4つは、それぞれ関わり合っています。1→2→3→4で終わるのではなく、4→1へと戻り、連鎖して回っていくのです。つまり、サイクルになるということです。

グローイング・サイクルは、私が作り出したオリジナルの概念ですが、そのベースにあるのは私自身の育成経験と、ハンバーガー大学、ユニクロ大学の育成メソッドということになります。

それから6年ほど、この考えに基づくと人財育成の仕組みができるということを、さまざまな機会に、多くの人にお伝えしています。

以下に、一つずつ見ていくことにしましょう。

1 基準を示す

育成の出発点が、この基準を示すということです。これは「会社から見てその人に何をやってもらいたいかを明確にする」ということを意味しています。

部署や役割、キャリアによって、会社が働く人に求めるものは違います。それを対象ごとにはっきりと決めることが大事です。経営理念とか経営指針、コンプライアンス、就業規則のように、社員が誰でも理解して身につけなければならない知識やスキルもあります。一方で、マニュアルとか役職定義は業務内容によって変わってきます。

基準は、「ゴール」と言い換えてもいいでしょう。マクドナルドでは、アルバイトについて30時間で一通りの業務を習得させていたことは前章で述べました。30時間が一つのゴールを担っていたのです。

このゴールがないとどうなるかというと、教える人によって内容が違う、ということになりかねません。「うちの教育は属人的なんだよなー」という経営者の声をしばしば聞きますが、ゴールが明確でないために、現場のマネージャーの考えに任せることになる、ということです。これでは、企業として足並みの揃ったサービス提供はできません。ゴール＝基準が明確であれば、例えば3000店舗のマクドナルドでも、すべてのマネージャーが同じものを目指すことができるのです。

基準を明確にするには、それぞれの業務について、やっている内容、どうなってほしいかを書き出していきます。例えば店長であれば、「売上を上げてほしい」「営業利益を上げてほしい」、そのために「人件費を筆頭にコストを抑えてもらいたい」「店舗のQSCを上げてもらいたい」などといった項目が出てくるでしょう。

その中でもQSCのように、それを向上させて成果を出すためには、チームで取り組まなければならない業務については、「チームワークを良くしてほしい」、そのためには「リーダーシップを発揮してもらいたい」「信頼関係を築いてもらいたい」「徹底力を持ってもらいたい」などということも挙げられるでしょう。

2-3

1. 基準を示す

「会社から見て
その人に何をやってもらいたいか
を明確にする」

反対語は「現場のマネージャーの考えに任せる」

その一つ一つについて、誰がどのように教えるかを考えることが、次の「2　教える」の準備作業になります。あるいは、最も優秀な店長の行動から、「こうなってほしい」という項目をピックアップしてそれを基準とする方法もあります。

そのように項目出しをしていくと、将来のことを考えて、今はやっていないけれど、この役職の人には将来こういうことをやってもらいたいという項目も出てくるかもしれません。ここでも店長を例に挙げれば、今は数字を追いかけることに懸命で、人財育成に全然目を向けていない、その余裕が持てない、とします。それでも、人財育成をやってほしいと強く願うのであれば、基準に入れてしまいます。店長という役職は人財育成が役割の一つである、と役職定義をするのです。そして、それを必ず評価に連動させる必要があります。「4評価する」のところであらためて述べますが、評価の対象になれば、店長たちは意識せざるを得なくなります。人財育成に消極的な店長が多いのだとすれば、その理由は、評価に関係ないから目が向かないのです。

基準作りで難しいのは、一通り業務を覚えた人たちに何を目指させるか、ということです。正社員にしろアルバイトにしろ、多くの場合、新人については業務マニュアルがあり、それに基づいて一つ一つの業務を習得させているでしょう。そこでは、あらかじめ基準は明確なのです。また、店長についても、それぞれ難易度は上がりますが、やってほしいことは比較的、明確であるはずです。しかし、その間にいる層、中堅層の基準が明確な企業は、ほとんどないはずです。

ここでも、見習い期間が終わった後にやるべきことを洗い出すことが必要です。例えば、新しいポジションを経験する、新人の育成を担当する、などが挙げられます。注意しなければいけないのは、アルバイトに社員と同等な業務をさせると、同一労働・同一賃金の問題が発生することです。まったく同等の仕事をさせるのであれば、賃金も同等にする必要があります。この場合、役職定義で社員とアルバイトの違いをはっきりさせる必要があるでしょう。その意味でも、基準を示すことは重要であると言えます。

2 教える

基準を示したら、それを教える必要があります。誰が、いつ、どのような形で教えるか。それには多くの選択肢があります。現場で教えるＯＪＴなのか、集合研修なのか。集合研修の場合であれば、外部の講師が教えるのか、あるいは社員が現場での経験をもとに教えるのか。多くの選択肢の中から、最も効果のある教え方を、コンテンツによって変えていく必要があります。

ハンバーガー大学の学長として私が主にやっていたのは、教えなければならないことがあったときに、それをどのような手段で教えるかを考えることでした。「それは集合研修じゃなければ難しいね」とか「それは現場でやった方が効率的だろう」などという会話を、当時はよくしていました。

例えばユニクロの場合は、洋服のたたみ方がそれぞれの種類でぜんぶ違うので、すべて覚え

2-4

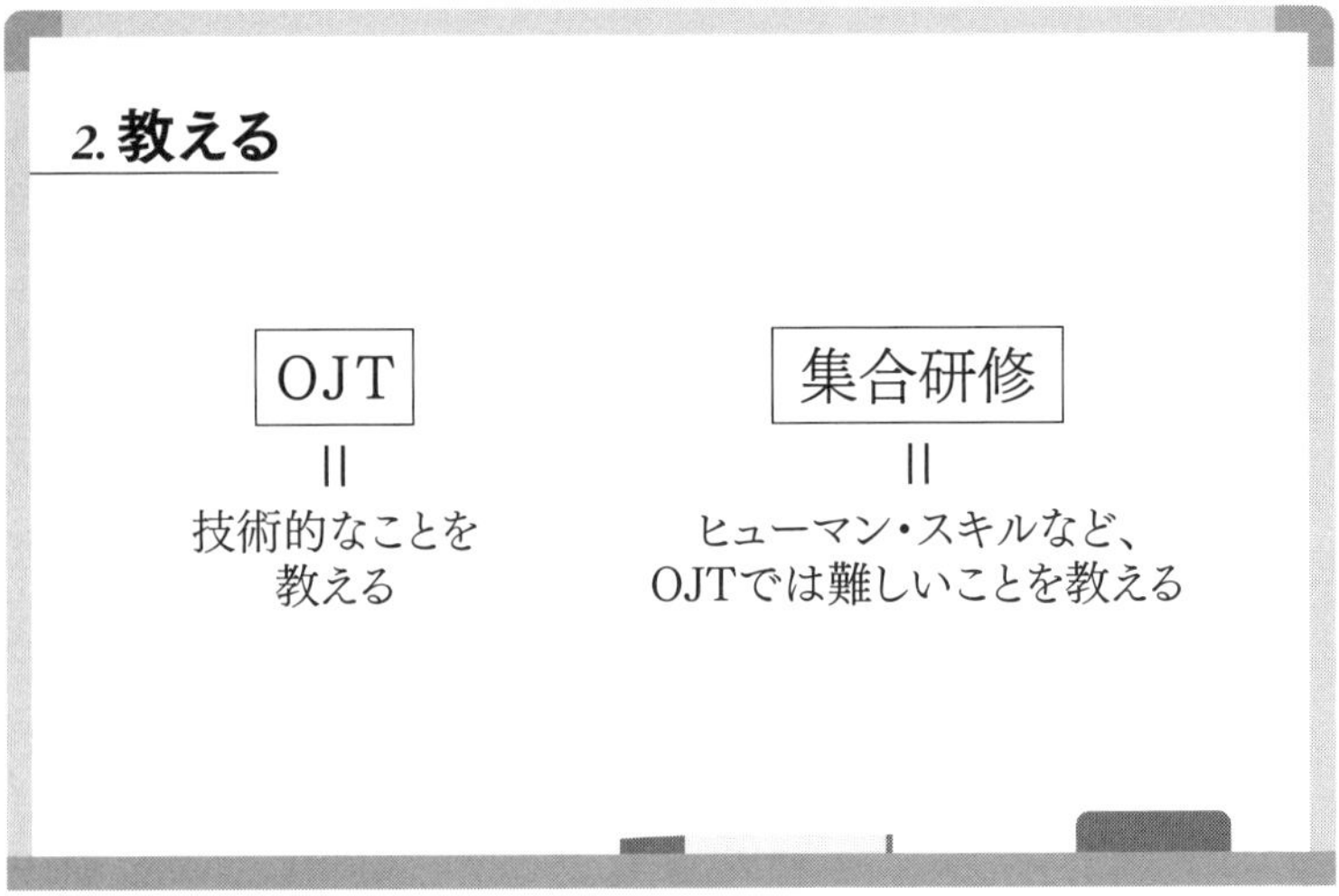
2.教える
OJT
＝
技術的なことを
教える
集合研修
＝
ヒューマン・スキルなど、
OJTでは難しいことを教える

る必要があります。ただ、これは店でＯＪＴによっていくらでも練習できますから、何も集合研修にする必要はありません。マクドナルドであれば「マックフライポテトを作ること」も同じです。

ところが一方で、集合研修でなければなかなか身につかない、あるいは集合研修だからこそ効果の高いものがあります。例えば、コーチングなどのヒューマン・スキルはその一つです。店長たちが店舗スタッフと信頼関係を作るのに課題があるのでコーチングのスキルを教えたいと言っても、ＯＪＴではできません。スーパーバイザーも教えられないでしょう。このようなスキルについては、集合研修で教える必要があります。

この集合研修はコストもかかりますし、受講者の負担感も少なくありませんが、それ相応の効果があります。まず現場から離れ、落ち着いた環境に身を置くことで学びやすくなります。また、専門知識のある人が講師を務めることの利点もあります。そして、ディスカッションやロールプレイやゲームなど、学習効果を高める要素を入れることができます。講義形式で一方的に話を聞くだけではなかなか身につかないことが、ディスカッションやロールプレイや質問を投げかけるファシリテーションを入れることで、抜群に学習効果が高まるのです。ロールプレイができない人は、本番でも絶対にできません。具体例を挙げれば、面談や傾聴などのスキルには効果抜群です。

グローイング・アカデミーの人気のあるプログラムで言いますと、「クレーム対応」などは集合研修に適しています。これをＯＪＴで教えるのは至難の業でしょう。クレームが起きたとき、その後で振り返りを行うぐらいしかできず、さまざまなケースでの応用ができません。集合研修ならさまざまなケースを想定したロールプレイを入れるなどして、問題を受講者間で共有しながら、「こういう場面ではどうすればいいだろう？」と応用が考えられるのです。

ＯＪＴについては別のところでも説明しますが、現場で学べる利点は大きいものの、教えて終わり、となりがちなところがあります。現場で実施するものだからこそ、ＯＪＴリーダーである上司・先輩にすべてが委ねられてしまい、放置されてしまいがちなのです。

これについては、ＯＪＴをサポートする仕組みがあると、学習効果が格段に高まります。マクドナルドとユニクロの強さは、ＯＪＴのサポートを真剣に考え、実施することにあります。例えば、教育動画を作って、いつでも復習や確認ができるようにするなど、学習をサポートするためのツールや仕組みが非常に充実しています。私が在任当時のハンバーガー大学には、一年中ＤＶＤや育成マニュアルを作っているスタッフがいました。なかなかそこまではできないかもしれませんが、どうすれば現場がちゃんとＯＪＴの効果を上げられるかを、真剣に考える必要があります。

ところで、「教える対象は誰か」という観点で、第1章では、人を選べない時代だからこそ、限られたメンバー全体の底上げを図ること、つまり「義務教育」が大事だ、と述べました。これについて、補足をしておきます。

全員の底上げを図る義務教育の反対語は、「選抜型教育」です。特定の人財を対象に、さらに能力アップを図る教育を指しますが、これを否定するつもりはありませんし、効果もあると考えています。ただ、問題なのは、「選抜型教育を実施しているから、わが社には教育の仕組みがある」と考えている経営者がいることで、それは今の時代には適していないと思うのです。これも繰り返しになりますが、優秀な社員を残し、会社の基準に満たない者はケアしない、という人事施策は、人を選べない今の時代には採り得ない施策です。「1　基準を示す」「2　教える」については、ぜひ「全員を伸ばす」という観点から設計することをお勧めします。

次の「3　要求する」と「4　評価する」は、「全員を伸ばす」ことを企図する際に、「2　教える」以上に重要なカギを握っています。

3　要求する

教えたことは、現場の仕事で実践しなければ意味がありません。そのために欠かせないのが「3　要求する」ことです。つまり、現場において上司や先輩が、教えたことを実行に移すことを要求し、やらない／できないことを見過ごさない、ということです。言い換えれば、「後追い」をしっかり実行することです。

ファーストリテイリングの柳井正会長兼社長は「要求しない限り、部下は応えてくれない」と言われましたが、まさにその通りだと思います。ですが、これができていない企業が、とても多いのです。集合研修でもＯＪＴでも、やりっぱなしで終わってしまうことは少なくありません。「いや、教えたんだけど、できないんだよ」と言う現場の方、人事の方がいますが、それは典型的な反応で、要求しないので「教えただけ」になってしまっているのです。「コーチングの研修を店長全員にやったんだけど、全然変わんないよな」などという不満の声もしばしば聞かれます。挙げ句の果てが「あの研修、無駄だったよね」などと身も蓋もない結論になってしまう。こうなると、教える意欲は一気に冷めてしまいます。

基準を示した上で、つまり必要性を検討した上で教えたことなのであれば、それが無駄に終わることはないはずです。ではなぜ、そのような声が上がってしまうのか。それは、教えた後、それを実行することを「要求しない」からです。加えて言えば、次の「4　評価する」ことがないからです。

教えたことを、現場の仕事の場面で実行することを要求し、結果について評価する。このプロセスがあれば、誰でもやるようになるのです。初めはうまくできなくても、評価という動機付けがあるなら、人は向上しようと努力するものです。面倒臭いことは人はやりたくありませんから、放っておいたら誰もやりません。

オペレーショナルな事柄を現場で指導すること、例えば調理技術をキッチンで教える、など

2-5

3. 要求する

教えたことを実行に移すことを要求し、
やらない／できないことを見過ごさない

課題とチェックで「後追い」する

というＯＪＴの場合は、要求することは比較的、難しくありません。正解がはっきりしているから判断しやすい、ということもあります。難しいのは、コーチングやリーダーシップなどヒューマン・スキルに当たるもので、これはなかなか後追いしきれません。接客や、アルバイトなどの部下指導の場面を、いちいち観察するわけにはいかないでしょう。また、正解があるわけではない、という難しさもあります。

　これができているのが、やはり日本マクドナルドです。例えば集合研修のケースでは、講座の後に必ず課題が出ます。具体的には、半年の間に現場の業務において研修で学んだことを実践できているか、というような課題です。そして課題をやった後は、必ず上司がチェックします。すなわち、後追いです。課題の具体例を挙げると、「2人のトレーナーを養成してください」「半年にわたって安定したシフトを作ってください」「3カ月、適切な発注をしてください」など、業務そのものです。研修でそれらを学んだ後、個々のスキルが現場で活かされているかどうかを上司が判断するわけです。それでOKが出たら初めて講座が終了することになります。要求の仕方について、この「課題」「上司のチェック」という方法は、間違いなく育成にとって有効です。つまり、要求することを仕組み化するわけです。

新入社員研修でも、例えば挨拶の仕方を教わっても、配属されるとやらなくなる、などということはないでしょうか。教えられたことを実践できないのは、職場の先輩たちが要求しないからです。挨拶ぐらい怠ったとしても、誰も何も言わないのではないでしょうか。そこは、必ず要求する、ということが大事です。

また、そのように後追いするためには、上司が、部下が受ける研修の中身を知っていなければなりません。店長がコーチングの研修を受けてきたとしたら、その上司がコーチング研修の中身を知らないと後追いのしようがありません。これもまた、ハードルが高いでしょう。でも、本当に研修効果を出そうと思ったら、そこをやらないといけません。

なお、誤解を避けるために付言しますが、「要求する」というのは、必ずしも「厳しく命じること」ではありません。状況によっては、そういうこともないとは言えませんが、いわゆる「上から目線」ではなく、日常の場面で、普通の会話の中で表現することが大事です。そのために、日頃から雑談を増やすなど、話をしやすい雰囲気作りを心がけてほしいものです。最終的にはコミュニケーションの量と質によって、要求が相手にとって受け入れやすいものになるでしょう。

4　評価する

評価は、きわめて大事です。評価がなければ、せっかく教育したことが、身につかずに終わってしまう可能性が高いでしょう。教育によって、また現場での業務経験もふまえて、あるスキルを身につけ、それを実践するに当たって、それに対する見返りがないと、その実践は持続しません。例えば、コーチング・スキルが身についたとしたら、部下のマネジメントに何らかのプラスの影響があるはずです。そこを評価するのです。できたことをやっているかどうか、

2-6

4. 評価する

その個人個人の
良いところ悪いところに
直接アプローチする

評価をしていくことによって「1　基準を示す」と「4　評価する」がつながっていきます。

人財育成には、大きく2つのやり方があります。一つは「良いところを伸ばす」、もう一つは「ダメなところを直す」。これしか人を育てる方法はありません。

その評価というのは、その個人個人の良いところ悪いところに直接アプローチするものです。極端に言えば、教育をしていなくても、評価だけしていれば、育成という目標は半分は達成するのだと思います。もちろん教育は大事ですが、教育したことを実践してもらうには、評価が絶対に不可欠です。良いところと悪いところをはっきりさせる。それは、その人を育てるための愛だと思います。

このように、とても重要な評価ですが、仕組みによってではなく、経営者が「勘」でやっているようなケースもあるはずです。また、評価制度はあるが、うまくいっていない、という企業も多いと思います。目標設定をして、半期ごとに振り返るというような業績評価制度を実施している場合でも、その業績評価制度があるがゆえに、会社として業績が向上したり、企業体質が強化されたり、ということはあったでしょうか。

もちろん、業績評価制度が十分に機能している、という企業の方には、何も言うことはありません。しかし、それが機能していない、もしくは機能不全でモヤモヤしている、という企業の方には、以下を読んでいただきたいと思います。

マクドナルドとユニクロが優れているのは、特に「要求する」ことを徹底しているからです。決して、教えて終わり、あとは自分でやって、と放置していません。要求水準が明確であり、それをルールとして共通化しているために、どの店に行っても同じオペレーションができます。要するに「徹底力」がすごいのです。そのような背景があるからこそ、人が成長するのです。

もし、あなたが人事担当者で、「研修をやっているのに育たないんだよな」と感じているとすれば、それは会社の問題です。育たないことを当人たちの問題として片づけがちですが、違います。多くの場合は、「やりっぱなし」だからです。

そこで問われるのは、上司の育成力でしょう。教えたことを、現場で実践させるかどうか。それが育成力の違いを生みます。問われているのは、その上司がきちんと要求し、正当な評価をしているかどうかです。

必要なことは、学んだことを現場で実践しているかどうか、「後追い」することです。後追いするためには、上司が、部下が受ける研修の中身を知っていなければならない、と前述しました。そこで、日本マクドナルドでは、新しい研修などについては、それを受講していない階層の社員に教えていました。また、2時間程度のショートバージョンの研修を実施することもありました。全国を回ってそれを店長に対して実施するのですから、ものすごい作業量です。ここまで徹底することは、簡単にはできません。新商品が投入されたときも、まずスーパーバイザーを集めて教え、次に店長を集めて教えます。そして、店長が店のスタッフに教えます。それが徹底力のベースなのです。

そこで、日本マクドナルドでは、店長の下に副店長が2～3人。その下にアルバイトが50人ぐらい、というのが標準型。加えて、さらに10人以上の育成の責任を持つアルバイトリーダーがいます。つまり、いろいろな人が教えるという文化をうまく作っているわけです。

ユニクロも、それに似ています。教え方という意味では厳しめの教え方ですが、それが逆に徹底力につながっている。成長の原動力は徹底力だと思います。

マクドナルドの場合は、教え方は比較的ソフト。相手に気を遣いながら教えます。人種の多様性を受け入れるという現実が、アメリカのマクドナルドにはありました。アルバイトの人を尊重し、名前で呼ぶ、あるいは命令するのではなく依頼するというのがポリシーでした。

育成は「教育」と「評価」の両方が必要

評価は人財育成にダイレクトにつながる

以上、グローイング・サイクルについて説明しましたが、育成の50％は「教育」で、50％が「評価」というのが私の考えです。

評価という見返りがなければ、人は仕事をしません。しません、が言い過ぎであるなら、する気になりません、と言い換えましょう。

中には、「たとえ評価されなくても、この仕事が好きだから続けます」という人もいるかもしれません。しかし、それは少数派ではないでしょうか。少なくとも、そのような控えめな姿勢に、便乗するようではいけません。

2-7 育成の50%は「教える」で、50%が「評価」

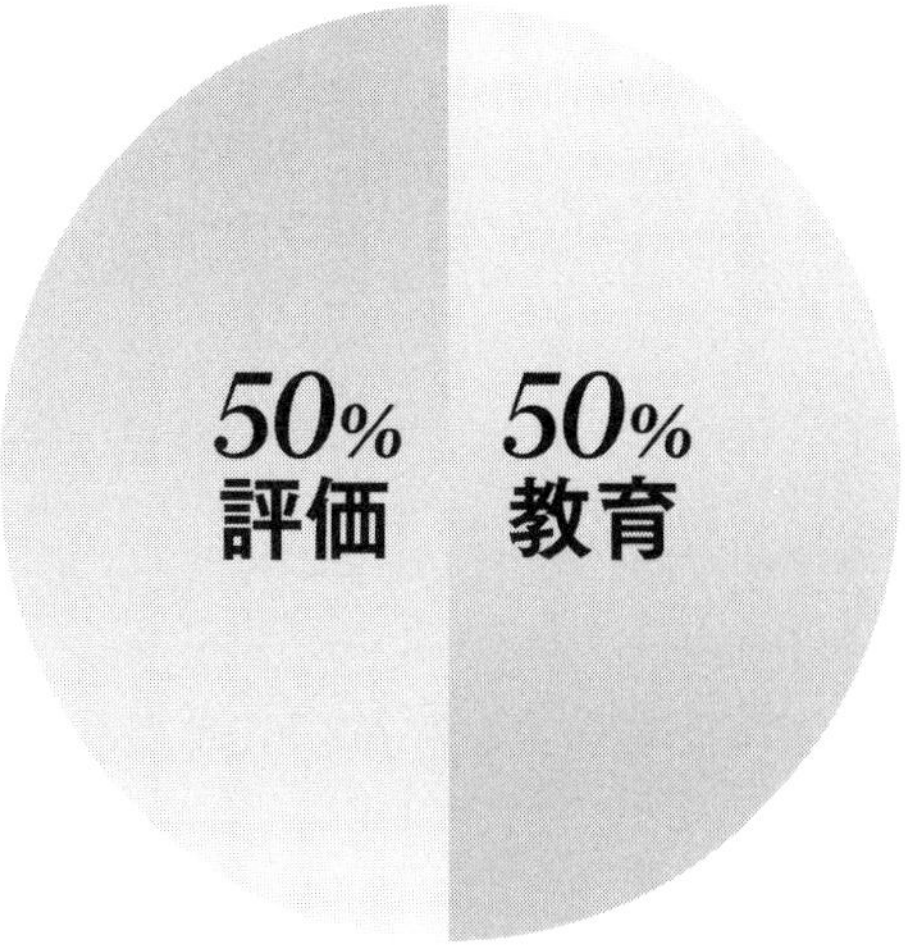

人は、いい評価をされたら、もっと頑張ろうと思うでしょうし、評価が悪ければ、次は挽回しよう、と考えるものです。そのような意味で、評価とは、人財育成にダイレクトにつながるのです。

これほどまでに評価が大事なのは、低成長の経済とも関係があります。日本が経済成長をしていたときには、評価がなくても給料が上がっていくので、社員も意識をしなかったかもしれません。しかし、バブル崩壊後、給料をどんどん上げていけなくなった現在、頑張って成果を上げた人と、そうではない人との間に給料の差が出てくる。その差の理由が、明確に本人たちに伝わらないと不満が出ます。成果は大事ですが、普段の仕事ぶりを見てい

2-8 評価制度の目的は何か？

成長してもらうこと

やりがいを持ってもらうこと

長く働きたいと思ってもらうこと

くことも大事です。行動評価、人間性の部分を磨くような評価制度でないと、低成長の時代には支持されないのではないでしょうか。

これに対して、「数字さえ上げていればいいじゃないか」という意見が出てくるかもしれません。しかし、売上は外的要因も受けますし、運不運が反映する場合がありますから、納得性が低い場合もあります。もちろん業績は大事ですが、現場は、チームの中での信頼関係も大事です。長い目で見たら、そちらの方が重要だということもあり得ます。

ただし、こうしたことは数値化できない難しさがあります。また、人間のやることですから、甘い辛いや、好き嫌いも入ってくる。それを前提として、会社は評価を考える必要があります。そんなに面倒なことはできない、やらない、という会社もあるかもしれませんが、それをやらないと、その人の成長にも会社の成長にもつながりません。

この評価の基準自体はアバウトな方がいいでしょう。あまり精緻な評価基準を作っても、評価者の負荷を上げるだけです。それより、基準はアバウトにして、一人のマネージャーに委ねることなく、「評価会議」によって評価を共有することがお勧めです。

人財育成につながる評価項目を作る

会社が、働く人の評価に、どう取り組むか。そこでは、経営者の姿勢が問われます。どういう目的で評価をするか。それは人財育成のためである、と目標を絞って評価することが必要でしょう。

私は、「評価を上げるために頑張る」ということを否定してはいけない、と考えています。評価されないことは全然やらないんだよね、と愚痴を言うのは間違いです。むしろ、評価されないことはしないのが当たり前だと思うのです。その業務を、本当にちゃんとやってほしいなら、評価項目に入れるべきでしょう。

例えば、「お店をきれいにすれば評価が上がるんだな」とわかれば、頑張って店をきれいにするでしょう。そのように、会社がやってもらいたいことを意識して評価項目を作ることが大事です。命令だけでは人は動きません。見返りがなければやらないのです。

マクドナルドとユニクロは、全員がとても評価を意識しています。評価を上げるために頑張る、という正しい姿で仕事に取り組んでいるのです。そこには、人の善意に期待してはいけない、という思想があるのだと思います。もちろん、人には教えられなくてもできることは、たくさんあるでしょう。ただ、どこまでできるかは人によって違います。

ときに中堅やベテラン社員は、「そんなこと教えなくてもできるよな」という思いを若手に対して抱きがちです。でも、できないということは、それを教えられていないから、というケースは少なくありません。特に最近は、親や先生が教えることが多くなっており、すべてに手が回りません。「最近の新人は、固定電話を取れないんだよな」などと年長者は言いますが、若い人はみんな携帯電話やスマホで育ってきたのですから、無理もありません。あらためて教えてあげればいいだけのことです。

評価項目については、会社によって、組織によって重視するべきポイントに違いがあるはずです。業種による特性もあるでしょうし、企業文化によってもウエイトが変わってきます。ただ、大原則として、①社員の成長に資すること、②社員にやりがいを持たせること、③長く働きたいと思ってもらうこと、この3点をふまえて設定することが重要です。

ＯＪＴの持つ大きな欠点

育成の手法として、ＯＪＴがきわめて有効であることは、いまさら言うまでもないでしょう。業務を通して、現場でマネージャーや先輩社員が部下に教えることは即効性があり、そのときそのときのケースに応じた指導をしますから、非常に効果が高いものです。

しかし一方で、ＯＪＴは「現場にお任せのジョブ・トレーニング」になりがちなことには注意が必要です。本社サイドは、ともすると「あの店長に任せておけば大丈夫だろう」と考えがちなところもあります。

そのことと並んで、ＯＪＴが持つもう一つの欠点は、**教える人によって育成効果が大きく左右されてしまう**ことにあります。同じような経験を持ち、技術的なスキルを持ったマネージャーや先輩社員でも、それを教える技術には開きがあります。また、性格によるブレもあり、面倒がらずに常にフィードバックを与える人と、そうでもない人がいます。となると、いい先輩に当たった若手は成長が早く、そうではない若手はなかなか育たない、ということが起こり得るのです。

しかも、現在はほとんどの企業で人財には量的な余裕がありませんし、プレイングマネージャーも増えています。そうしたことから、「ＯＪＴがうまく機能していない」という課題を抱える企業が非常に多いのです。

これに対しては本文でも述べたように、誰でも同じレベルでの教育ができるような仕組み化が必要になります。

さらに、その仕組み化の中でも、上司層に対する教育がとても重要になってきます。教育によって、ＯＪＴによる指導のレベルを高い位置で揃えるのです。

マクドナルドやユニクロは、人財育成において、上司教育に非常に力を入れていました。アルバイトリーダーはアルバイトスタッフの上司であり、店長は店で働くすべてのスタッフの上司です。エリアマネージャーは店長たちの上司に当たり、営業部長はエリアマネージャーの上司ということになります。それぞれ部下を育成して、次のステージに導いていくのが役割です。それが各階層できちんと実行できていれば、例えばＱＳＣは全社全店で高いレベルに維持できますし、顧客満足度も上がるでしょう。

その際、グローイング・サイクルの「1　基準を示す」ことが、やはりＯＪＴをより有効なものにします。それは教える人による違いを小さくする、ということにもなりますし、指導をしやすくするという効用もあります。例えば、アルバイトの定着状況を離職率という基準で示し、その目標値を共有することで、具体的な部下とのコミュニケーション改善につなげることができるでしょう。サービスの遅い早いも数値化できます。お客様を席にご案内した後、何分後に水を持っていくか、料理を何分以内に提供するかなど、数値によってルール化すれば、それに対する指導とトレーニングがしやすくなります。

このような仕組み作りさえできれば、ＯＪＴは実に効果的な育成手法となるのです。仕組み化されたＯＪＴを実践し、さらにＯＪＴでは習得が難しいスキルについては集合研修を実施する。この両者を組み合わせることで、育成は最強に近づくはずです。

第 3 章

店長（マネージャー）教育の真髄

3

本章では、サービス業にとって事業の要と言うべき
「店長」の育成について解説していきます。
考え方と手法は、必ずしも店長だけでなく、
広くマネージャーについて当てはまる普遍的なものです。
店長育成の難しさは、新入社員のそれとは比較になりません。
ですが、店長が育たないというのは、
企業が成長しないということと同義ですから、
きわめて重要な経営課題とも言えます。
基本はやはりグローイング・サイクルを回すことにありますが、
加えて、考えておくべきポイントがあります。

店長育成をどのように進めたらいいのか

店長の役割は重い

本章では、「店長育成」について、その望ましいあり方や仕組みについて説明します。なぜ、店長育成に一章をわざわざ割くかと言いますと、それがサービス業にとってきわめて重要である一方、非常に難易度が高いと考えられるからです。サービス業における店長に限らず、営業会社で言うなら営業課長のような現場リーダー層。企業にとっては、売上について最前線で責任を負っている重要な役割です。その育成は、新入社員に初歩的なテクニカル・スキルを教えることなどとは違う難しさがあり、ノウハウがあります。そのため、育成全般を語った前章とは別に、ここで解説していきたいと考えます。

店長育成の難しさの筆頭は、グローイング・サイクルで言うところの「1　基準を示す」という部分の中身が、とても重いということと、それが企業の業績に直結しているということです。さらに、基準を示す項目が、一般社員と比べて多岐にわたります。店長には、多くのスタッフをまとめていくリーダーシップとマネジメント能力が必要ですし、スタッフを育成する責任もあります。何しろ、店を代表するプレイヤーとして行動しながら、さらに多くのことを実行していかなければならないのが、店長という役割なのです。

もう一つの難しさとして、その店長を育成する役割を持つエリアマネージャーとの接点が少ないということが挙げられます。チェーン展開するサービス業であれば、例外なくそれが課題です。複数店舗のマネジメントを課せられるエリアマネージャーは、各店長と月に1回しか会わないなどということも珍しくなく、直接話す時間がとても少ないのが実情です。

店長が放置状態に

私が日本マクドナルドでエリアマネージャーを務めていたときは、6店舗を担当していましたが、各店長とはマンツーマンでは1カ月に2〜3時間しか話す時間がありませんでした。その中で育成のために一対一で話す時間はごく少ない。そういう状況ですから、基本は「任せている」という状態です。つまりこれは、ちょっと間違うと放置状態になりかねないということ

3-1 店長に求められるスキル

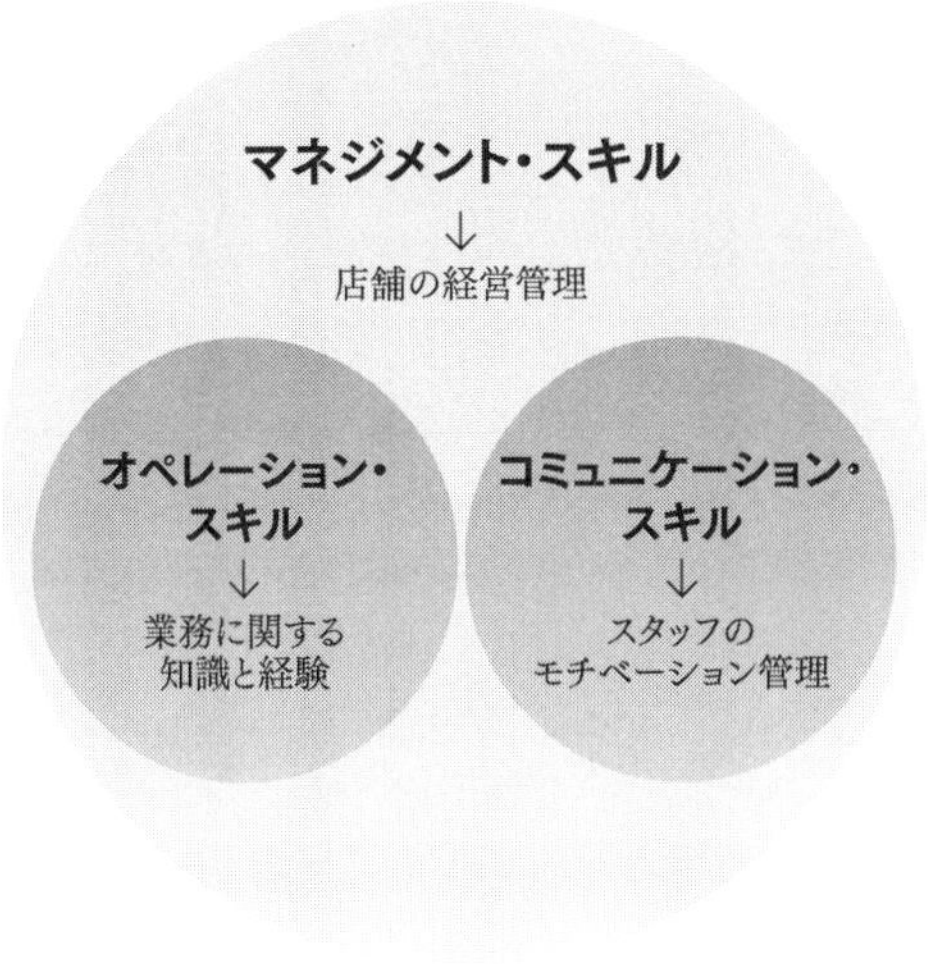

を意味します。多くのサービス業で「なかなか店長が育たない」という課題が聞かれますが、育てる時間が少ないのですから、ある意味では当たり前です。そうした観点からも、店長育成は難易度が高いのです。

教える人が常に一緒にいる状態であれば、すぐに課題も指摘できるし、評価も的確にできるのですが、なかなかそうはいきません。現場を任されて、放って置かれても大丈夫な優秀な人も、いないわけではありません。しかし、それはごく少数で、そうではない人の方が圧倒的に多いのです。

店で一番の上位者で、店舗経営から顧客サービス、アルバイトを含めた人財育成まで、さまざまなことに目配りしなければならない店長という立場は、ときに孤独に落ち込んだり、逆にお山の大将になったりという弊害がつきものです。部下から自分の行動を正されるという店長は、ほとんどいません。また本社側は、店長の状況については、例えばトラブルが起きたときでないとわからないものです。店を任されて、そこで自分を冷静に評価して、きちんと律することができる人は、それほど多くはありません。ですから、ほとんどすべての人に育成の機会が必要ですし、フォローアップが必要です。

これをどうするかは、企業にとってはとても重要なポイントです。結論を言えば、上司が接する時間が短くても人財を育成していける仕組みを作る必要があります。

入社したときから始める店長育成

店長が店長候補を育てる

私は、一人の社員が入社したときから店長育成のトレーニングを始めるべきである、と考えています。個別のオペレーションに加え、スタッフのマネジメントや店舗の利益管理まで、それぞれに「基準」を示し、育成のステップを設定するのです。新入社員には、まず店舗でのテクニカル・スキルから習得してもらうことになりますが、ただ目先の業務を教えるだけでなく、何年かのちに店長に昇格させることを前提として、育成の仕組みを作っておけば、より教育の効率が高くなることは間違いありません。

日本マクドナルドでは、店長になる前の社員に、店長としての研修を受けさせるとともに、ＯＪＴを通して育成するという手法をとっていました。言葉を換えれば、店長が店長候補を育成する、ということです。店長とその部下を師弟関係にすることになりますから、一緒にいる時間が長くなります。育成は積み重ねが大事であり、いきなり一気に情報を与えても、こなすことはできません。日本マクドナルドでは、このような店長による教育があり、ハンバーガー大学での研修があり、さらに店長になってからの実践を繰り返す、ということで積み重ねを作っていました。

日本マクドナルドは約3000店ありますが、3000人の店長がいるということは、3000の店長トレーナーがいるということになります。これが効率的な育成の仕組みの元になります。

ところが、店長になってから育成を始めようとすると、育成の主担当者がエリアマネージャーになりますから、そこで接点がぐんと減ってしまうことになります。さらに、一人のエリアマネージャーが6人とか10人とかの店長を育成しなければならなくなる。考えてみれば、これはかなり無理なやり方と言えます。だから、店長育成、つまり現場リーダーの育成をどのようにやっていくかは、仕組み化しない限り難しいですし、企業としては、そこに一番力を入れなければならないでしょう。

目標を決めて段階的に仕事を任せていく

店長になる前の店長教育は、一見、実践が難しいと思われるかもしれませんが、そうではありません。

まず、新入社員を2年で店長にする、などとゴールを決めて、その間に何をさせるかをカレンダーに書き出してみてください。プロジェクト・カレンダーを作成するのです。例えば、入社半年でアルバイトのシフトを組むことを教えて、人件費を勘案しながら、サービス・レベルが低下せず、お客様に迷惑にならないような組み方を半年させます。あるいは発注を、資材を切らさないでできるようにする、ということでもいいでしょう。そのような仕事は、教えれば身につく技術ですから、ある程度、経験を積めばできるようになります。

サービス業に限らず、仕事ができるかどうかには、素質の有無はさほど関係ありません。基本を教えたあとは、それを現場での実践を通して向上させ、洗練させていくことができます。それをせずに、「あいつはできる、あいつはできない」などとレッテルを貼ることは、意味のないことです。

初期教育でコミュニケーション能力を身につけさせる

こうした店舗オペレーションは言うまでもなく重要ですが、それ以上に大事なことは店長として部下をマネジメントすることです。優秀な店長に共通している要素の一つは、コミュニケーション能力の高さだと私は思います。

店長がスタッフたちときちんとコミュニケーションがとれている店舗は、例えば、アルバイトの定着率も高く維持されています。逆に店長との会話が少ない店舗は退職率が高くなるケースが多くなります。店長のコミュニケーション能力はアルバイトの定着率を高める上でも欠かせないことなのです。

このコミュニケーション能力は、持って生まれた性格や素質によって左右されるところもあります。業務に関する能力は高くても、人に気軽に話しかけることが苦手な人もいますし、打ち解けるまでに時間がかかる人もいます。でも、素質に任せるのではなく、教育によってコミュニケーション能力は身につくものです。そして、このコミュニケーション能力は素質に任せるのではなく、教育によって身につくものです。

これも初期教育がカギを握ります。前述した入社したときからの店長育成で言えば、例えば、入社して3カ月経ったら、新人アルバイトの受け入れを連続で3人担当させます。3人ぐらい担当すれば、間違いなく新人の指導ができるようになります。それを店長が見ていて、あるアルバイト・スタッフの習得のスピードが速いとか遅いとかを判断してアドバイスするというように、計画的に育成します。それによって新人でもコミュニケーション能力と、後輩を育成する力が自ずと身につきます。

こうした、言わば事前学習を短期間ではなく、2年ぐらいのスパンで考えていけば、現場レベルでのリーダーがやらなければならないほとんどの仕事を覚えることができ、また最低限のピープル・スキルも身につくようになっていきます。

少し具体的に、コミュニケーションを図る上で大切なことを説明します。

まず、相手をきちんと認めることが大前提です。相手が正社員であろうとアルバイトであろうと同じです。忙しいときでも、しっかり挨拶する。「おい」とか「お前」ではなく、一人一人を名前で呼ぶ。話をするときは、きちんと相手の目を見る。命令するのではなく、依頼をする。そして、それを実行してもらったら、きちんとお礼を言う。

どれも当たり前のことのようですが、部下であるスタッフを単なる労働力として見てしまうと、おろそかになりがちです。そうではなく、一緒に店舗を盛り立てる「仲間」である、と意識することが大事です。この「仲間意識」、あるいは「チーム意識」は、サービス業に限らず、あらゆる組織にとって良好なコミュニケーションの基礎と言えるでしょう。

もう一つ大切なことは、聞く姿勢を持つことです。コミュニケーションの基本は、相手の話を聞いて理解すること。店長のように指示をする立場になると、ついつい一方的に話をしがちになりますが、自分の話をする前に、相手の話を聞くことを心がけます。特にアルバイトは、自分から店長になかなか話しかけにくいものです。ですから、相手の話を引き出すスキルも必要です。こうしたスキルもまた、教育によって身につくものです。

ティーチングよりコーチングのスキル

アルバイトを含めた店舗スタッフの育成は、店長にとって重要な役割の一つです。私自身が店長を育成するときに特に感じたのは、ティーチングよりコーチングのスキルが大事だ、ということでした。

ティーチングとは、業務知識がない相手に対して、正しい知識や方法を教えることで、特に新人などに対しては必要なことです。これに対してコーチングとは、相手の目標達成を支援すること。具体的には、正解を教えるのではなく、「問いかけて聞く」という対話を通して、新しい気づきをもたらしたり、考え方や行動の選択肢を増やすことを指します。前に述べましたが、聞く姿勢を持ち、相手の話を引き出すことが、そのポイントになります。

例えば、日本マクドナルドやユニクロでは、新入社員に開店業務や閉店業務を覚えてもらうとき、経験がないため、ティーチングでやり方を一から教えます。

ティーチングについては、店長は自分のテクニカル・スキルも高いですから、オペレーショナルなことは教えられます。それより難しいのは、ある程度オペレーションができるようになった人について、さらに成長させることで、そこでは店長間に違いが出ます。その違いは何かというと、ある程度、一人前になった人がモチベーション高く成長していける状態に持っていけるか、それともだんだんやる気がなくなっていくか。この違いが大きいのです。そこで必要となるのは、ティーチングではなくコーチングのスキルです。

例えば、アルバイトの離職率を下げる方法を考えさせる、休日の売上を伸ばす対策を考えてもらうなど、答えが一つではなくいろいろな選択肢があり得るケースで自発的行動を促すのがコーチングです。

私自身、コミュニケーションやピープル・スキル、人間力を向上させる、といったことにおいては、集合研修で多くのことを学びました。

初めて店長になったのは入社2年目のことですが、一番苦労したのがスタッフとの接し方でした。もともとコミュニケーションが得意ではなかったのですが、人の話を聞くスキルが足りなかったのです。店舗のオペレーションには自信がありましたから、店長になって張り切って高い目標を設定したのですが、私が求めるようにはスタッフが動いてくれません。そもそも要求が高すぎたのですが、当時はそのことに気づかず、スタッフにきつく接することもありました。その結果、みんなのモチベーションは上がらず、アルバイトの離職も相次ぎました。

それでもハンバーガー大学の店長研修プログラムを受講し、エリアマネージャーによるアドバイスを実践したこともあり、コミュニケーションのスキルも向上していきました。人の話が聞けるようになったことで、店長として信頼されるようになっていったことを、今でも鮮明に覚えています。

前述した店長になる前のOJTと研修によって、リーダーシップ、ティーチングとコーチング、カウンセリングなどのスキルも、前もって学ぶことができました。カウンセリングというのは、相手の抱える問題や悩みに対して傾聴のスキルを用いて行う相談援助のことです。これらを学ぶことで、こういう場合の部下にはティーチング、こういう場合はコーチング、こういう場合にはカウンセリング、と使い分けることができるようになりましたし、意識して実践するようになりました。

「評価を上げるために仕事をする」のは正しい

店長会議を学習の場に利用する

もう一つ、孤独に陥りがちな店長にとって、エリア単位でエリアマネージャーが主催する店長会議に参加することは有益です。これは数人の集まりでも構いません。業績をいかに上げるかという数字とマネジメントの話、店舗スタッフの育成の話など、エリアマネージャーが一人一人に質問をして、それぞれ答えていくという形で会議を進めますが、他の店長の答えを聞くことがとても勉強になるのです。

私自身もその経験がありますが、エリアに大先輩の店長が何人かいて、優秀な店長は常に余裕が感じられました。店長になりたての頃は、自分に余裕がなかったために、それが非常にうらやましいと思いましたし、刺激になりました。優れたエリアマネージャーは、このように優秀な店長を利用して、他の店長にいい影響を与えるということを意識的にやるものです。同時に、店長会議は店舗スタッフには話しにくい疑問や悩みを打ち明ける場にもなりますし、話をすることで孤独に落ち込まずに済むという大きな利点があります。

店長育成に有効なグローイング・サイクル

このような「2　教える」ことの前提として、ここでも大事なのは「1　基準を示す」ことですし、さらに「3　要求する」「4　評価する」が加わることで、店長の成長が確かなものになります。標準的な店長と同等なスキルのレベルに達するまでの期間に基準を設けて、実践することを要求します。それに対して遅れているか進んでいるかを測ります。遅れているとすれば、それが本人の問題か、上司の指導力の問題かも、わかります。

店長育成もやはりグローイング・サイクルが基本になります。店長にこうなってほしいということ、やってほしいことと、そのレベル感を整理して、教え、評価するのです。

「4　評価する」に関しては、最低でも半年に一回、エリアマネージャーが店長と評価面談をして、良かった点、いま一つだった点をしっかり表面化させ、次期の課題について話し合うことはとても役に立ちます。

私は、いい評価を得るためにどうすればいいか、について組織の中で普通に語り合ってほしいと考えています。それはエリアマネージャーと店長の間でもそうですし、店長と店舗スタッフの間でも同じことが言えます。

評価による話し合いが成長につながる

このように言うと「評価のために仕事をするのか？」と反発を感じる方もいるかもしれませんが、評価を上げるために仕事をするという意識と価値観が醸成されないのであれば、何のための評価なのかわかりません。評価とは、成長するために必要なものです。次期に評価を上げるために何をするかを上司とディスカッションする。そのような習慣ができれば、きっといい組織になるでしょうし、ひいてはいい会社になるに違いありません。

店長に対する評価については、早い段階で人間性を上げていくような評価項目を必ず入れるべきです。もちろん業績による定量的な評価は必要ですが、サービス業では外的影響によって業績が上下しがちですから、それだけで評価するのは、成長のための評価としては適切ではありません。

行動は変えていくことができる

性格ではなく行動に焦点を当てる

私が店長だったとき、常に注意していたのが、アルバイト80人のうち、どのぐらいがモチベーションの高いレベルにいるか、ということでした。

例えば、10人中9人がモチベーションの高いレベルにいるというのと、9人がモチベーションの低いレベルにいるという状態では、まったく結果が違います。良い結果を出しているのは、言うまでもなくモチベーションが高い人たちです。

店長としては、この状態にみんながいれば、ほぼ楽勝。顧客満足度が高い状態を保ち、売上・利益とも目標をクリアすることができます。

例えば店長が不在のときに、モチベーションが高い店舗スタッフは、率先して掃除もするし、電気代、水道代を節約しようと考えて行動します。最高の店舗を作るには、常にスタッフのモチベーションを高くキープできるコミュニケーション・スキルが大事になってきます。具体的にはコーチングのスキルがとても大事です。傾聴のスキルや相手の考えを引き出す質問をしながら、モチベーションを上げていくことは、ある程度、トレーニングによってできるようになります。

意志がないと、人の行動は変わりません。店舗スタッフをマネジメントするには、その人の性格ではなく、行動に焦点を当てることが必要です。これは人財育成の基本ですが、人の性格は変わらないけれど、行動は意識すれば変えられます。何も考えずストレスフリーの状態にいれば、人は自分が一番居心地のいいところにいたがるものですが、意識して変えていくことができれば、それが習慣になっていきます。

行動を変えるきっかけになることを店長はどんどん与えていかなければなりません。そのきっかけが、実は教育と評価なのです。

ここで例を挙げると、私が店長時代に、接客時にまったく笑顔がないアルバイトの女子高生がいました。しかし、彼女は休憩室では明るい雰囲気で、とても良い笑顔で話しており、その明るい笑顔がいっしょに働く仲間に良い影響を与えていたのです。

私は評価面談時に、彼女の笑顔と明るさが周りの雰囲気を変える力があること、それを接客時に出すことにより、お客様や店舗で働く仲間に対してプラスの影響があるという話をしました。その評価面談をきっかけに、彼女の接客がとても良くなっていったのです。

挫折を通じて学んだこと

ここで私自身の店長体験を振り返ってみます。日本マクドナルドで、私は7店舗で8年、店長を務めました。当時は店長を5年ほど務めるとスーパーバイザーに昇格する人が多かったので、8年というのは長い方だったと思います。自由が丘店、三軒茶屋店、新宿スタジオアルタ店でそれぞれ店長を務めた後、赤坂見附店でグランド・オープン（新規開店）を任されました。私にとっては大きなチャンスでした。これを成功させて、社内で認められたいと張り切ったのですが、これが初めての挫折の経験になったのです。

立地がいいので、オープンすると売上は非常に上がりました。ただ、スタッフを集めるのに苦労しました。オフィス街であるという土地柄で、近隣に学校がないこともあり、主婦も学生も高校生もいないのです。赤坂見附店には2年いましたが、私の評価は上がりませんでした。スタッフ集めに苦労する中で、店長として、それこそ朝早くから夜遅くまで頑張っていたのですが、体力の消耗と自分の成長は比例しないということを学びました。働く根性は身についたと思いますが。

その経験を通して、私は自分の意志で行動を変えていかなければならない、と気がついたのだと思います。売上が伸びたのは場所がいいからであって、店長である私の努力の結果ではありません。おそらく会社はそのようなことはわかっていて、スタッフになる人が少ない店で私がどうするかという、努力と工夫を見ていたのだと思います。

例えばそのときは、人がなかなか集められないという状況の中で、アルバイトリーダーを育てることができなかった、という反省がありました。採用が難しかった、ということも確かなのですが、その前の新宿スタジオアルタ店で成功したという意識があったのだと思います。新宿ですからアルバイト・スタッフを集めることも容易でしたし、リーダーを育成することもできました。そこでの感覚を、人の少ない赤坂見附でも引きずっていたのです。

そんな厳しい経験をきっかけとして、育成に意識的に取り組むようになりました。

スタッフとのコミュニケーションを増やす

その後、店長を務めた店では、研修を通して、あらためて人に関するコミュニケーションを学び直し、実践しました。マクドナルドの教育は一本、筋が通っているのですが、経験を重ねるとともに難易度が上がっていく仕組みでした。

それについていきながら、雑談も含めてスタッフとコミュニケーションをとる時間を意識して増やすようになりましたし、注意深くみんなの行動を観察するようにもなりました。自分自身が忙しすぎる状況ですと、自分がしんどいだけでなく、スタッフも同じようにしんどくなります。そうなると、ついついスタッフに厳しく接することができなくなりますから、QSCをはじめとして店舗のレベルが下がっていきます。

そのようにならないための店長のあり方、スタッフのモチベーションの保ち方を、失敗経験から学んだと思います。

これが、私自身、行動を変えるきっかけでした。

優秀な店長に共通するもの

第3章では、店長の育成について解説してきました。店長は誰にでも務まる、と言うと言い過ぎかもしれませんが、特別な能力を持っていなければ務まらない、というものではなく、育成ができることはご理解いただけたのではないかと思います。

ところで、優秀な店長に共通する条件とは何でしょうか。

いろいろな考え方があると思いますが、私が考えるのは「**人に強いこと**」「**数字に強いこと**」「**顧客満足にこだわること**」「**目標達成にこだわること**」という4つの条件です。個性は人それぞれですが、それを超えて、優秀な店長は、必ずこの4つを兼ね備えていると思います。

「顧客満足にこだわる」ことは、サービス業で働く者にとっては当然のことかもしれません。常にお客様の立場に立って考えることは、基本です。それは立場と関係なくそうであり、店でそれを代表するのが店長ということになります。お客様の立場に立つことなく、業績や自分の評価だけを追っていくとすれば、必ずどこかで歪みが出るはずです。その結果、目標は達成できなくなるかもしれません。「顧客満足にこだわること」と「目標達成にこだわること」は、矛盾しません。お客様の立場に立つことが顧客満足度の向上につながり、結果として業績につながる、つまりは目標達成につながるということです。

「数字に強い」というのは言うまでもなく、経営数値に強いということです。接客面でホスピタリティを発揮することはもちろん大事ですが、売上目標をクリアし、人件費をはじめとするコストのコントロールを徹底し、その結果として利益をきちんと押さえていくのは、店舗責任者として必須の要件になります。

「人に強い」というのは、現在の雇用環境では、最も重要なポイントかもしれません。人不足の現状ですから、店長には、より人にフォーカスした仕事が求められます。私が店長をしていた30年前とは、まったく環境が違います。当時は、募集すれば人が来た時代。その中から選んで採用していました。また、誰かが辞めても、補充することは難しくありませんでした。今はそうはいきません。だから店長は、より人にフォーカスする、つまり働く人とコミュニケーションをうまくとり、ケアとフォローをして少しでも長く働いてもらう必要があります。

お客様を大切にする気持ちと、仲間を大切にする気持ちは、共通していると私は思います。その根底に備えるべきは「人間力」でしょう。人間力を身につけるためには、人を大切にする、ちゃんと話を聞く、上から目線で接しないなど、基本的なコミュニケーションを身につける必要があります。それが、「人に強い」ということです。

「人に強い」「数字に強い」の2つは、もともとのセンスもあるでしょうが、どちらも後天的に開発することが可能です。ＯＪＴと研修、そしてそれらをふまえた実践を通して、身につけることができ、スキルアップが可能です。考えてみれば、研修はそのためにこそあるので、センスが絶対で、それを変えられないものなら、研修する意味はないでしょう。それらについて、教わらないでもできる人が入社した時代は、とっくに終わりました。

店長を育成するのは難しい。でも、その育成の方法については、「人に強いこと」「数字に強いこと」「顧客満足にこだわること」「目標達成にこだわること」という4つの条件をもとに、いろいろと考えられるのではないでしょうか。

第 4 章

成長につながる評価制度の設計と運用法

4

第４章では、評価制度について取り上げます。

第２章でご紹介したグローイング・サイクルでも、「４　評価する」ということの重要性を指摘しましたが、ここで述べるのは、全社に導入する仕組みとしての評価制度です。

今、多くの企業から評価制度についてのお問い合わせをいただき、また導入のお手伝いをしています。

その重要性が理解されてきたということですが、必ずしもうまくいっているケースばかりではなく、また導入そのものに苦労されている企業も多いようです。

人財育成は、評価制度の成否がカギを握っている、と言っても過言ではありません。

評価制度の本来の目的はどこにあるか

評価制度が果たす3つの役割

私たち、ホスピタリティ&グロー・イング・ジャパンはサービス業に特化した人財サービスを提供する企業として、創業から8年で3000社以上の顧客企業に対して研修を実施し、研修受講人数はのべ34万人以上に達しました。

社員の成長を重視する企業がそれだけ多い、ということですが、このところ研修に加えて、評価制度の導入支援を依頼されることが増えています。

第2章で述べたように、人財育成の50%は「教育」で、50%が「評価」だと私は考えています。顧客企業の多くが、育成を試みても期待したほど成長しているとは感じられない。そこで、教育だけでは十分でない、と気づいたからこそ、評価制度に関するご相談が増えているのだと思います。

4-1 評価制度は「人財育成」のためにある

1 社員に成長してもらうこと

会社が望む人財は？ 会社がしてほしいことは？

2 仕事にやりがいを持ってもらうこと

人によって何にやりがいを感じるかは違う

3 長く働きたいと思ってもらうこと

将来の目標が持てるか？ 労働環境は？

中には、そもそも評価制度がなかったという企業もありますし、制度はあるものの、うまくワークしない、という企業もあります。

そこで本章では、制度の導入の仕方と、制度をしっかりとワークさせる方法について解説します。

まず、あらためて「評価制度がなぜ必要なのか」「その本来の目的は何か」を考えてみましょう。

評価制度は、社員の業務貢献度をランク付け、もしくは点数付けをして、それを給与に反映させ、昇給させるなどの処遇に活かすものです。しかし、処遇すること、給与に差をつけることが目的なのではありません。図4

-1に示した通り、本来の目的は①社員に成長してもらうこと、②仕事にやりがいを持ってもらうこと、③長く働きたいと思ってもらうこと、という3点に集約されるでしょう。それをまとめて一言で表すなら、「評価制度は人財育成のためにある」ということになります。そのことを中心テーマとして、制度設計をする必要がありますし、これについて経営者は、強い覚悟を持って取り組まなければなりません。それが大前提になります。

社員の成長が第一の目的

①社員に成長してもらう、という目的を達成するためには、まず働く人に「どうなってもらいたいか」、つまりは会社が望む人財像をはっきり定義する必要があります。グローイング・サイクルの「1　基準を示す」に当たるところですが、その基準が高いレベルで実現できている、ということが成長しているということになります。まずは、会社としての基準を作ること。人によって成長の捉え方は違うかもしれませんが、会社としての基準が決まれば、レベル感が合ってきます。

人は誰しも、いい評価をされたら、もっと頑張ろうと思いますし、評価が悪ければ、次は挽回しよう、と考えるものです。②仕事にやりがいを持ってもらう、という目的は、納得性の高い評価制度によって評価し、面談を通して適切なフィードバックをすることで、自ずと達成されるはずです。

ただし、昨今は、いい評価＝昇格というような、従来型のステップアップを望まない層が生まれてきていることには注意が必要です。第2章でも触れましたが、例えばサービス業において「店長にはなりたくない」という若手が増えてきたように、やりがいが多様化しています。それについては、役職は上がらなくとも、頑張れば昇給するというような制度上の対応が求められます。

長く働いてもらうには？

③長く働きたいと思ってもらう、という目的を達成するためには、この会社でどういう風に成長していくか、キャリアアップしていくか、どのぐらい給料が上がっていくかなど、将来のビジョンについて社内でしっかり目標が持てる状態にすることが必要です。

経営者は強い覚悟を持って評価制度導入に取り組まなければならない、と書きましたが、その意味は、「制度をスタートしたら、止めることはできない」ということです。止めるということは、社員の成長支援を放棄するということ。そうなると、社員のモチベーションはどうなるでしょうか。当然下がっていくことでしょう。だからこそ、経営者には覚悟が必要なのです。

私たちは、すでに評価制度はあるものの、なかなかうまくワークしない、という課題を抱える企業の方々を対象にした「評価制度見直しセミナー」を実施していますが、そこでまず申し上げているのは、本来の目的は何かをしっかり再認識してほしいということです。繰り返しになりますが、評価制度の目的は、人財育成にあります。ここまでに述べてきた前提に当たる話については、ほとんどの方に「なるほど」と響いているようです。

評価制度がうまくいかない5つの理由

評価者の教育をしているか

私たちはここまで8年間に、100社を超える企業に対し、評価制度の導入支援を行ってきました。評価制度がないか、あるけれどなかなかうまくいかないという企業が対象です。うまくいかない、という企業の方と話をしていると、だいたいつまずきのポイントは共通しており、それは次ページの図4-2に示したように5つに集約できます。つまり、この5つが見直しのポイントということになります。

順に説明しましょう。

①評価者の教育をしていない

これが非常に多いケースです。というより、ほとんどの会社が評価者教育をしていないといってもいいでしょう。これを放置していては、評価制度は人財育成という目的を達することはで

4-2 評価制度の5つの「見直しポイント」

1 評価者の教育をしていない

評価者育成研修と評価会議を実施する

2 会社がしてほしいこと＝評価項目になっていない

会社がしてほしいことを明確にし、評価する

3 キャリアステップ／将来像がイメージできない

給与の仕組みを明示する、可能な限り昇格条件を明示する

4 複雑でついていけない

シンプルに、しかし手間を惜しんではダメ

5 運用の責任者がいない。または、しっかりやっていない

担当者を決め、最重要業務としてやってもらう

きません。

評価者としての教育を受けていないとどうなるかというと、例えば部下の評価点をつける根拠が曖昧であったり（言葉を選ばずに言えば「適当に」つけたり）、評価制度の意味を理解していなかったり、ただ会社に言われているからやる、といった消極的な姿勢になったり、ということが出てきます。また、社員の成長のためにきわめて大事なフィードバック面談がうまくいきません。

評価制度がうまくいかないのは、制度の中身そのもののせいだ、と考える経営者は多いのではないかと思いますが、そうではなく、多くの場合、評価者が評価のための教育を受けていない、というのが真因でしょう。

評価項目自体が間違っている、ズレている、などということは、実はそれほど多くはないのです。少なくとも、あるべきものと真反対の評価項目を設けるなどということはあり得ません。ですから、評価者教育をしっかり実行しさえすれば、育成に資する評価制度になる可能性は高いはずです。

このことをセミナーなどで指摘すると、ほとんど異論は出ません。評価者教育が、社員の育成に資する条件である、ということにはみなさん同意してくれます。ほぼ100％がそういう反応です。それは自分自身が評価者として、好き嫌いで評価したことがある、とわかっているからでもあります。客観的な指標のある業績評価はともかくとして、定性的な行動評価については甘辛があり得ますし、相手に対する好き嫌いという感情によって評価が左右されてしまうことは珍しくありません。

②会社がしてほしいこと＝評価項目になっていない

「会社がしてほしいこと＝評価項目になっていない」というのは、例えば、経営者が常日頃、口やかましく言っていることを、一生懸命やっていても評価の点数に影響しない、などということを指します。サービス業では、しばしば見受けられることです。経営者は「やってもらいたい」から言っているのですから、それは評価項目に入れて、きちんと実行している人は評価するべきです。

経営者が現場に訪問して、「店が汚い！」と叱るような例もよくありますが、きれいにしたところで評価されないとなれば、それは「指導」ではなく「小言」にすぎません。社員だから怒られたらやりますが、それではその場しのぎになりがちなのです。怒られないためにやる、というのでは限界があります。その先に、「いいこと」がないと続きません。「いいこと」とは、給与や評価による「見返り」です。

会社にとって大事なことこそ、ストレートに評価につながっている方がいいでしょう。それが経営理念の実現にもつながるはずです。具体的に言えば、「お客様満足／ＱＳＣ」を評価項目に入れるべきでしょう。これこそがサービス業の利益にダイレクトに表れるものであり、それを重視してほしい、ということです。

将来像が見えない

③キャリアステップ／将来像がイメージできない

これは第1章でも述べましたが、先々のキャリアステップ、つまり「仕事で頑張ればこうなる」ということが見えないと成長につながらない、ということです。仕事を続けていった結果、将来、どのぐらいの収入になるのか、どんなポジションに就けるのか、頑張ればこうなる、という見通しを明示する必要があります。

評価制度は処遇に反映すべきものです。ところが、評価制度はあるものの、それが給与に反映されていないというケースが意外と多いのです。評価制度に合わせて給与体系を見直すことは、手間もかかるのですが、ここを怠れば評価が社員やスタッフのやる気や成長につながりません。

④複雑でついていけない

評価を緻密に、漏れなくやっていこうとすると、仕組みが複雑になっていきます。評価することが負担になりすぎる制度は、うまくいきません。評価をつけることに、抵抗感を感じる人が増えていくからです。評価項目はなるべく増やすべきではありませんし、コメント欄なども増やさないようにします。

140～141ページにモデル的な評価シートを載せましたが、評価項目はざっくりしたものがいいでしょう。評価項目を細かくしすぎると、ピントがずれやすくもなります。それは評価者が、きちんと見きれなくなるからです。

一つ一つ、すべてを評価期間のうちに確認するということは、非常に難易度が高くなります。つまり、見ていない部分には点がつけられないはずですから、いい加減に点をつける項目が出ざるを得なくなります。見ていないはずの項目に低い点がついたとすれば、評価される側には不信感が生まれるでしょう。ですから、項目をざっくりと抽象化してまとめていった方が、ズレが生じなくて済みます。正確性を期そうと生真面目になりすぎると、項目はどんどん細かくなっていくものです。

ただし一方で、制度の運用自体については、手間を惜しんではいけません。「自己評価を○月○日に提出してください。評価結果は○月から給与に反映させます」というように、約束をして、それを守る必要があります。そういう意味での運用です。手間を惜しんで「今回は評価会議はやめよう」などということになったら制度が形骸化していきます。

評価制度は、スタートするとみんなの仕事が増えていきます。確実に全社員が巻き込まれますから。手間がかかることは覚悟して始める必要があります。だからこそ、シンプルな内容にするべきなのです。

⑤運用の責任者がいない。または、しっかりやっていない

これについては言うまでもないでしょう。運用責任者を決め、最重要事項として、評価制度に取り組んでもらう必要があります。

以上、5つの「うまくいかない理由」を見てきました。これらは、一つでも当てはまれば、評価制度はつまずく恐れがあります。ですから、一つ一つ、すべてを見直す必要があるでしょう。

評価者をどのように教育すればいいのか

評価者が知るべき4つのポイント

評価者が評価についての教育を受けていないために、適切な評価ができていないという問題を指摘しましたが、その対策として私たちは評価者研修と評価会議を実施することを提唱しています。

まず、評価者研修から説明していきましょう。評価者研修では次ページの図4-3に示した4つのポイントを中心に座学とロールプレイで学んでもらいます。

①関係の質を高める

これは評価対象の部下との間で信頼関係を築いていないと、評価に対する納得度が低い、ということです。

4-3 評価者研修 4つのポイント

1 関係の質を高める
2 評価の原則を守る
3 評価時の注意点を理解する
→ **知識の習得**（1〜3）

4 効果的なフィードバックをする → **ロールプレイ**

信頼関係ができていれば、悪いところを悪いとしっかり伝えられますし、それを聞いても納得してもらえます。リーダーシップ研修に近い内容です。

マサチューセッツ工科大学のダニエル・キム教授が提唱した「成功循環モデル」（図4‐4参照）も座学の中で説明します。

一言で言えば、組織として成功するには、「メンバー間の関係の質を高める」ことから始めるというものです。店長が店のスタッフの話をよく聞くなどして、組織のメンバー間での「関係の質」が高まってくると、個人にもいろいろな気づきが出てきて、「思考の質」が向上します。「思考の質」が高まれば、自分の頭で考え、自発的に望ましい行動をとる

4-4 成功循環モデル

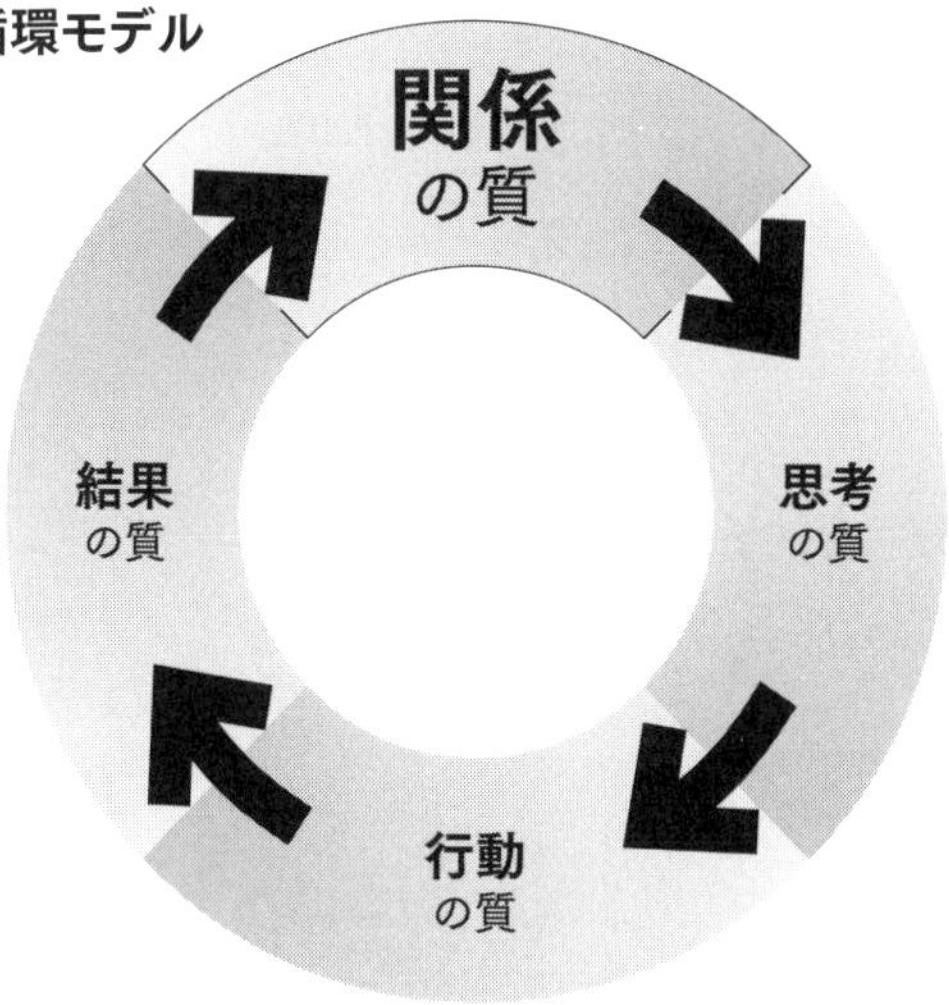

ダニエル・キム・マサチューセッツ工科大学教授提唱

ようになり、「行動の質」が高まります。「行動の質」が向上すれば、「結果の質」が高まります。良い結果が出れば、組織のメンバー間がお互いに信頼するようになり、「関係の質」が向上するという好循環が生まれるわけです。

店長はともすれば、売上という結果にばかり目が向きがちですが、結果を出すためにはまず、スタッフとの信頼関係を築くことが必要なのです。店長は座学研修を受けることで、現場では気づかなかったマネジメントを学ぶことができます。

②評価の原則を守る

これは、具体的な行動を評価する、評価期間を守る（評価期間外のことを評価に入れない)、人間性でなく仕事を評価する、など、公正な評価のために守るべき原則を理解してもらいます。

③評価時の注意点を理解する

これは評価にまつわる一般的な知識を伝えるもので、「中心化傾向に注意する」「寛大化傾向を避ける」といったことを理解してもらいます。

座学とロールプレイを組み合わせる

④効果的なフィードバックをする

評価で最も大事なことは、それを対象者にきちんと伝え、次のアクションにつなげることです。このフィードバックについてはロールプレイで学んでもらいます。面談において伝えるべきことと、言ってはいけないことを体感するとともに、褒めた後に課題を指摘する、というような話の順番などを理解してもらうことが目的です。

このロールプレイは、やるとやらないとでは大違いで、頭で理解できているつもりでも、案外、うまくできていないものです。

例えば、あまりいい評価ではない場合、悪いところをしっかり伝えよう、という姿勢はいいのですが、それを伝えるだけで終わってしまう、ということが起こりがちです。言うべきことは言うにしても、面談は「じゃあ、今回の反省を活かして、次は頑張ろう」と思ってもらわなければ育成効果につながりません。ネガティブな気持ちで終わるべきではないのですが、そこがなかなかうまくいかない。上司側は悪気があって言うわけではないのですが、それこそが問題です。ですから、いい点を褒めてから、改善すべき点を指摘する、というように話法を習得する必要があります。

そして面談の最後は、「次はどうしていくか」をしっかり話し合う必要があります。評価を伝えて終わり、では育成効果は生まれません。評価面談ですから、評価を伝えることは必須ですが、人財育成を目的とするなら「今回の結果をふまえて、次はどうするか」を話し合って決めることが欠かせません。ここでは、相手が考える目標設定について、問いかけながら引き出していくコーチングのスキルが必要ですから、評価者研修ではそれもプログラムの一つに組み込むといいでしょう。

面談によるフィードバックの良し悪しによって、部下の成長度は変わってきます。効果的なフィードバックの仕方は、すべてのマネージャーが身につける必要があります。それには、座学とロールプレイを組み合わせるのがいいでしょう。

以上が評価者研修のポイントです。

制度の浸透のカギを握る「評価会議」

評価会議とは何か?

評価会議は、会社としての評価の物差しをはっきりさせるためにも重要であり、また評価者を鍛え、人財育成に資する評価制度にするためにも欠かせない、と私たちは考えています。

評価会議とは、例えばエリアごとに店長やエリアマネージャーなどの1次評価者が集まって、それぞれの部下評価について発表し、意見を述べ合うもので、言わば「目線合わせ」をすることを目的とします。店長による評価会議は店舗スタッフに対する評価の妥当性を話し合う場になりますし、エリアマネージャーによる評価会議は店長に対する評価が議題になります。そして店長の会議であればエリアマネージャーが、またエリアマネージャーであれば営業部長が2次評価者として参加し質問するという形で進められます。このように、各レイヤーについて、会議を重ねることになります。

各発表者は、自分が下した部下評価について、なぜそうしたかを説明する必要がありますから、正確性と公平性を期して評価することはもちろんですが、2次評価者の質問に答えるために、しっかり準備して臨む必要があります。

日本マクドナルドでエリアマネージャーを務めていた頃、評価会議には約30人のエリアマネージャーが集まりました。一人当たり6店舗ぐらいを担当していましたから、計180人の店長についての評価が発表され、検討されることになります。朝から晩まで、1日がかりで行われる一大イベントでした。

評価会議での重要な3つのポイント

評価会議ではどのような点に気をつければいいのか、チェックポイントを3点に集約して図4－5に示しました。

評価会議で最も重要なことは、①評価者が評価項目の意味を理解し、評価しているかをチェックすることです。会議の参加者は、評価者が発表する同じ等級の社員についての評価結果にズレがないかをチェックし、指摘します。

4-5 評価会議で考える3つのチェックポイント

1 評価者が評価項目の意味を理解し、評価しているかチェック

評価者が異なる同じ等級の社員の評価結果のズレをチェック
何を評価項目と理解し、採点したかを確認する

2 評価者が行動に基づく事実で評価しているかチェック

「なぜそう評価したか」を評価者に発言してもらう
どんな行動を根拠に評価しているかを確認する

3 評価者ごとの甘辛、エラーの有無をチェック

他の評価者の評価結果を見る
自分の評価のクセ(エラー)を知り、次回以降改善する

また、②評価者が行動に基づく事実で評価しているかどうかをチェックすることも、大事なポイントです。

業績によって評価することももちろん必要ですが、人財育成を目的とする、という観点からすると、それだけでは十分ではありません。私たちは「行動評価」という言葉を使うのですが、業績という結果だけではなく、それに至るプロセスでどのような行動をとったか、例えば、どのように部下指導をしたか、をきちんと評価する必要があります。

意外にそのことは徹底されておらず、事実上、業績だけで評価している企業は少なくありません。業績だけで評価することが、それで済むなら、実に容易です。何人もが集まっ

て、時間をかけて会議をする必要などないでしょう。

私が日本マクドナルドでスーパーバイザーを務めていたとき、店長の「育成力」を評価する場合に、実際に店長がスタッフを育成しているところを観察することはほとんどありませんでした。では、どのように育成力を評価するのかというと、その店舗を訪問したときの現象面で判断します。スタッフがイキイキと明るく元気に働いているか、マニュアル通りのオペレーションをスピーディーに実施しているか、素晴らしい接客をしているか。そのようなところが店長の育成力の結果として、店舗運営に表れてきます。店長が誰かを教えているところを実際に見るより、はるかに的確に育成力を評価することができます。

行動評価を取り入れる狙いは?

行動評価を取り入れることで、評価制度が難易度を増すのは確かです。ただ、業績はすごく上げるけれど人間力が低い、というような人が高く評価されるとすれば、会社にとってプラスになるでしょうか。長期的に見て、そのようなタイプが要職の多くを占めるようなことになれば、実に危ういことになりかねません。だからこそ、行動評価によって、コミュニケーション力が高い人やリーダーシップのある人、育成力のある人を評価していく必要があるのです。評価会議を通して、どのような行動を根拠として評価しているかを確認し、共有することによって、会社としての評価尺度が定まってきます。

人が人を評価するのですから、主観によって左右されることは避けられません。行動評価はブレるものです。ですから、③評価者ごとの甘辛や、エラーの有無をチェックすることが、どうしても必要になります。

このような取り組みをしているということを社内でアピールすれば、評価に対する納得性は増すはずです。

こうしたことを会議でやることの意味は、一つは発表者にしろ、その発表を聞く立場にしろ、周りで聞いている人からの質問や反応から、学ぶことにあります。「こういう観点で評価するのか」とか、同僚の説明に対して「部下について、そこまで見ているのか」などというように、評価者にさまざまな気づきを促すのです。また、そのような学びによって、面談の質が上がり、説得力が増すことも大きなメリットと言えます。それによって、ひいては、会社全体の評価のレベル感が合うようになり、公平性が増すことになります。

上司が部下の長所と短所を、より冷静に判断できるようになることは、そのまま育成力の向上につながります。「こういういいところを伸ばしていこう」とか、「ここを修正してもらおう」と考えるようになりますから、評価会議はリーダーシップを鍛えることにもなります。

このように見ていくと、いい評価制度は、そのまま人財育成に直結する、ということがご理解いただけるのではないかと思います。繰り返しになりますが、「教える」ことだけでは、人は育ちません。人財育成の50%は「教育」で、50%は「評価」です。その両輪があってこそ、人は成長していきます。

評価制度を根づかせる6つのポイント

成長につなげる評価の方法

本章の結びとして、評価制度を成功させるポイントを6つに集約します。

第1に「あくまでも評価制度はシンプルに」。評価項目が細かいゆえに、評価者の負担となり、面倒だからといい加減に評価する人が増えれば、評価制度そのものが形骸化してしまいます。

第2は、「お客様満足/QSCを評価する」ことです。サービス業として、最も重視すべき点であるだけに、これも評価の基準に入れるべきです。

第3は「評価フィードバックを重視する」。いい評価を受ければもっと頑張ろうと思うものです。評価が悪くても、その理由が納得できるものでかつ適切な助言があれば、次の成長につながるものです。

4-6 評価制度 6つのポイント

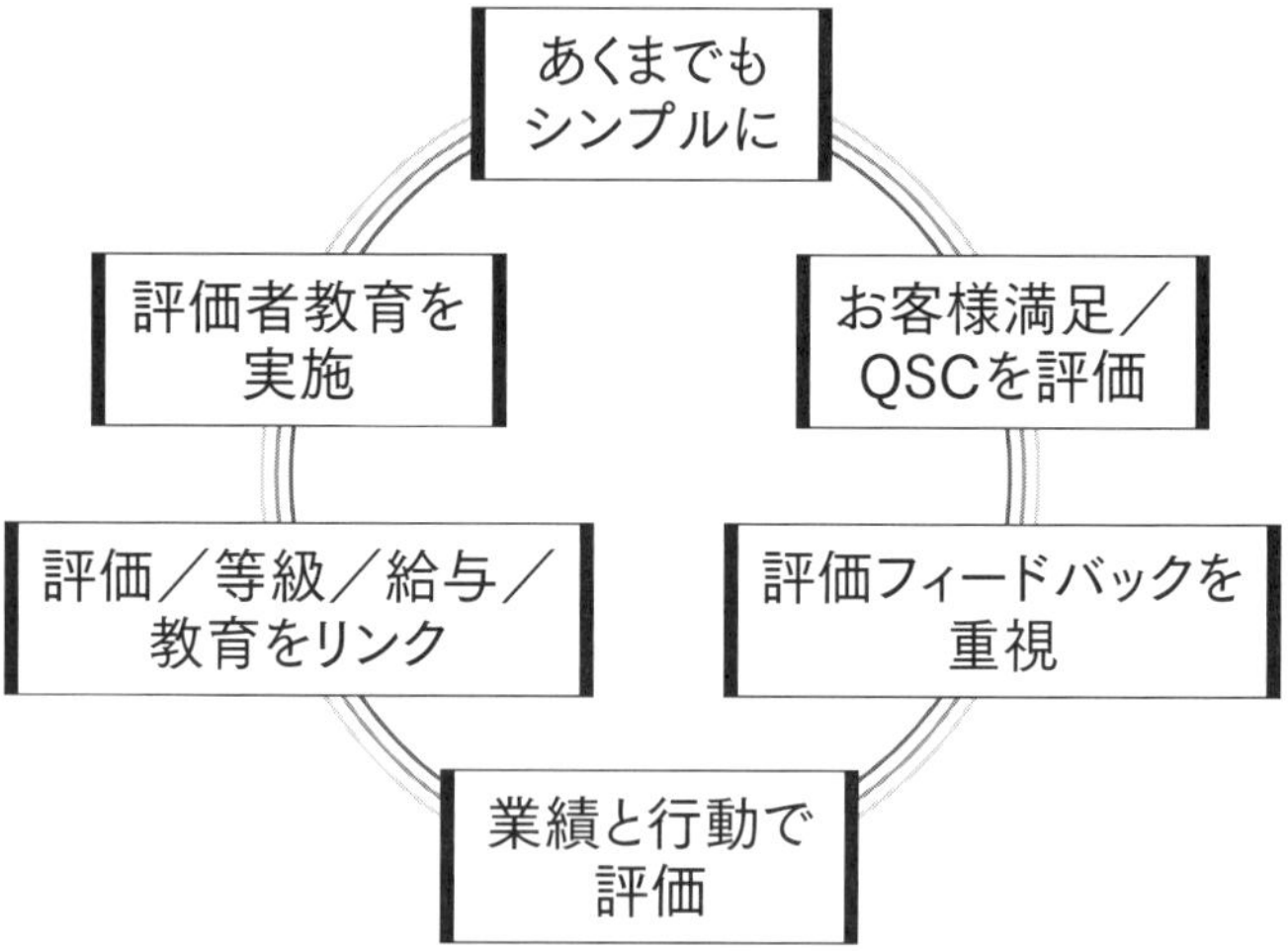
あくまでも
シンプルに
お客様満足／
QSCを評価
評価フィードバックを
重視
業績と行動で
評価
評価／等級／給与／
教育をリンク
評価者教育を
実施

第4は、「業績と行動で評価する」こと。業績で評価する企業は多いのですが、その業績に至る過程で、部下を適切に指導したかなどの行動についても評価する必要があります。業績だけで判断すれば、業績は上げるがワンマンなマネージャーばかりが要職を占めることになりかねず、人財の底上げにつながらなくなります。

第5は「評価／等級／給与／教育をリンクさせる」ことです。評価は、きちんと処遇に反映されなければ育成につながりません。制度を作っても、それが給与に反映されないというケースは意外と少なくないのです。評価制度に合わせて給与体系を見直すことは、作業としては手間もかかりますから、手をつけかねるという事情も理解できますが、ここを怠れば評価が成長につながりません。

第6に「評価者の教育を実施する」ことです。ここが手薄な企業は少なくありません。実際に私たちが研修を行った会社の方からは「評価について、これほど考えたことはなかった」という声が多数、寄せられました。

評価と教育をリンクさせるというのも、同じことが言えます。教育の制度はコンテンツが必要ですし、やはり時間がかかります。ただ、学んで身につけたスキルが現場で活かされ、その結果として評価につながるという明らかなリンクが理解されれば、社員・スタッフは、さらにやる気を高めることになります。

このように、評価制度は「どのように運用すれば成長につながるか」といった観点から検討し、作り込むことで、より実効性のあるものにしていくべきなのです。

2. 行動評価（役職によって評価対象となる行動要件が異なる）

	能力行動要件	概要	行動目標	自己評価 結果	自己評価 評価	自己評価 ポイント	一次評価 評価	一次評価 ポイント
1	積極性	担当する仕事に対し現状に甘んじることなく、困難な仕事であっても自らチャレンジする力			3	50.0	3	50.0
2	組織指向性	上司や組織からの要求、指示に従いその通りの成果・結果を出すために、自分の行動や考え方を組織の側に合わせていく。自分のことよりも組織の使命を重視して考えていく			4	75.0	3	50.0
3	責任性	自分に課せられた業務を計画通り最後までやり遂げる能力			4	75.0	2	25.0
4	セルフコントロール	ストレスの高い状況の中でも感情的になったり、衝動的になることをおさえ、常に前向きで安定した行動を保つ力。また時間管理やモラル面にも厳しく自己管理する能力			2	25.0	3	50.0
5	規律性	上司の指示や就業規則を守り、職場・会社の秩序維持に努めている			3	50.0	4	75.0

評価基準	
5 驚くほどの結果	新しい方法、工夫によって状況そのものを変え、会社全体に対する良い影響、貢献をもたらしている
4 期待以上の結果	自ら成果を出そうとする意思と独自の工夫によって行動している。また、他の模範となっている
3 期待通りの結果	自分なりに最善の処理を判断し行動している。またその行動が習慣化しており安定感がある
2 期待を下回った結果	上司から言われて行動したなど、受動的な行動が多く見られる
1 期待を大きく下回った結果	能力・行動を発揮していない、もしくは問題行動をとっている

評価別ポイント換算	
5	… 100
4	… 75
3	… 50
2	… 25
1	… 0

自己評価合計	行動評価
275.0	250.0
自己評価合計 100点換算	②行動評価 100点換算
55.0	50.0

一次評価者コメント

3. 総合評価

役職別ポイント配分 役職	業績	行動
部長	70%	30%
課長	60%	40%
係長	50%	50%
主任	40%	60%
一般社員	30%	70%

		ウエイト		A/B
①業績合計	58.8	× 30%	=	17.6
②行動合計	50.0	× 70%	=	35.0

半期総合ポイント（A+B）
53

総合評価	半期評価	号±
100~90 …SS +5 89~80 … S +4 79~70 … A +3 69~60 … B +2 59~50 … C +1 49~30 … D ±0 29~20 … E −1 19~0 … F −2	C	+1

4. 新グレード・号／評価者記入欄

新 グレード	新 号	一次評価者総評	サイン	二次評価者総評	サイン

評価用紙の例

株式会社AAAAA　評価用紙

期間	2019年度 上期 2019年 4月 ～ 2019年 10月		
社員NO	1234	店舗名	新宿
氏名	表 奈子	職位	一般社員

一次評価者	山田 太郎
二次評価者	佐藤 花子

1. 業績評価

	目標設定		自己評価					一次評価			
	目標項目	ウエイト	結果	評価	基礎ポイント	ウエイト%	項目別ポイント	評価	基礎ポイント	ウエイト%	項目別ポイント
1	売上	20%		3	50	20%	10	3	50	20%	10.0
2	利益	15%		2	25	15%	3.75	2	25	15%	3.8
3	Q	15%		3	50	15%	7.5	3	50	15%	7.5
4	S	15%		4	75	15%	11.25	4	75	15%	11.3
5	C	15%		3	50	15%	7.5	4	75	15%	11.3
6	GA受講	20%		3	50	20%	10	4	75	20%	15.0
		合計				自己評価合計				①業績合計	
		100%				50.0				58.8	

達成度目安		
5	目標を大きく上回った	120%以上
4	目標を上回った	105%以上
3	目標を達成した	95%以上
2	目標を下回った	80%以上
1	目標を大きく下回った	80%未満

項目別評価	項目別点数計算方法
5 ⇒	100
4 ⇒	75
3 ⇒	50
2 ⇒	25
1 ⇒	0

（上記点数）× ウエイト% ＝ 項目別ポイント

業績評価／一次評価者コメント

COLUMN 4

スタッフの笑顔を、どうやって引き出すか

店長の役割は、業務の上では多岐にわたりますが、つまるところ、店舗スタッフの力を最大限に活かして「いい店」を作ることにあります。

QSCを高いレベルで保つことは言うまでもありません。清潔感のある店で、良い接客をすれば、顧客満足度が上がります。リピーターが増え、来店客数が増えれば、必然的に売上も伸び、利益が増大するでしょう。それがチェーン本部の期待するところでもあります。つまり、店舗スタッフの力を引き出すことが店長の役割であると言えます。

ところが、多くの店舗スタッフがいれば、全員が常に同じように力を発揮するとは限りません。例えば、接客のとき、スタッフに笑顔がない場合もあります。

笑顔になれないアルバイト・スタッフがいれば、「機嫌が悪い」、あるいは「暗い」「やる気がない」などと映るかもしれません。私自身、マクドナルドの新人店長時代は、笑顔のないレジ担当者がいると、「あいつは暗い」「サービス業に向いていない」と決めつけ、担当を外したことがあります。

しかし、これは短慮だった、と今なら思います。なぜ笑顔がないのか。そこには理由があるはずなのです。

例えば、笑顔で接客することを教えられていないケースがあり得ます。あるいは、モチベーションが低く、やる気のなさにつながっているかもしれません。また、たまたま体調が悪いこともあるでしょうし、個人的な悩みを抱えている可能性もあります。

そうした理由の中には、他人にはどうすることもできないものもあるでしょう。ですが、教えられていない、モチベーションが低い、などという理由であれば、店の中で解決できるでしょう。少なくとも、笑顔がないのは性格が悪いからだ、と決めつけるのは最悪です。店長を筆頭に、現場の上司が笑顔を引き出せているかどうか。それをこそ考える必要があります。

未知の職場に入って、新しい仕事を始めようというときに、初めからニコニコしている人はいませんし、明るい性格であっても、なかなか笑顔が出ないという人もいます。お客様と会話するときに緊張するタイプもいるでしょうし、そもそも笑顔を出さなければならないと考えない人もいます。こういうことであれば、トレーニング＝教育できるようになります。

サービス業で働く者にとって笑顔が大事であることは確かですが、いつ何時でも、スタッフみんなが笑顔で仕事ができるような環境と雰囲気を作ることは、店長にとってかなり難易度が高いことです。では、どうすればいいのでしょうか。


笑顔を生み出すために、一番効果があるのは**褒めること**です。

私が店長をしていたときは、笑顔のいいスタッフを、社員やアルバイトにお客様の側から見せたり、ビデオに撮って見てもらったりしました。そして、いい笑顔のスタッフは「その笑顔、いいね」と褒めることを欠かしませんでした。

褒めることは、すなわちプラスの評価をすることです。できるだけ現場で、その場で褒めることをお勧めします。このようなことを繰り返しながら、アルバイトであっても、お金をもらって働く以上は「プロ意識」を持ってもらうことに努めました。プロ意識を持つスタッフが増えれば、間違いなくいい店になります。自然と笑顔も増えるでしょう。

笑顔もまた、素質には関係ありません。ほとんどのスタッフは、トレーニングによって素晴らしい笑顔を身につけているのです。

第5章

「教育と評価」で会社が変わった
～3社の実践事例に学ぶ

5

ここまで、教育と評価について基本的な考え方を解説してきました。
では、それをどのように
具体的な実践につなげればいいのでしょうか。
本章では、３社の事例を紹介します。
いずれも成長著しい会社ですが、
教育と評価の仕組みが、
その成長を支える一因になっていると推察されます。

教育の体系がない会社が組織活性化に成功

教育と評価の重要性は理解できたが、実際に何から始め、どのように定着させたらいいのか。そこに戸惑いを覚える読者の方も少なくないでしょう。そこで本章では、一から取り組みをスタートさせ、やがて育成が企業文化として浸透していき、評価制度と相まって、組織活性化に成功した3社の事例をご紹介します。

いずれも私たちが運営するグローイング・アカデミーが仕組みの導入に協力した企業ですが、外食、自転車小売り、塗料製造・外装工事と、業種業態は三種三様。いずれも人財育成に課題感を持ち、私たちが相談を受けました。それ以前は、必ずしも育成の体系は持っていないか、企業の成長に育成が追いつかなくなった、という事例です。

私たちはサービス業に特化した研修会社としてスタートしましたが、このような適用業種の広がりからも、人財育成の基本には普遍性があり、幅広い業種で導入が可能であることが、おわかりいただけるのではないかと思います。

CASE 1

NATTY SWANKY

「ダンダダン酒場」の成長を支える学びの文化

NATTY SWANKY

会社設立	2001年
資本金	7億6384万5380円
本社所在地	東京都新宿区
従業員数※	175人（218人）
店舗数※	直営58店、FC18店

※2019年6月期　（　）は年間平均臨時雇用者数

地域に愛される鯔背《いなせ》な店を目指して

ＮＡＴＴＹ　ＳＷＡＮＫＹは、２００1年に設立された外食企業です。その後、２０１１年に「肉汁餃子製作所ダンダダン酒場」の1号店を東京都調布市に開設して以来、その商品やサービスが支持され、着実に店舗数を拡大。直営店とＦＣ店を合わせて83店舗（２０１９年12月現在）を展開し、２０１９年3月には東証マザーズに上場した成長企業です。

現在は東京の京王線、小田急線、中央線沿線を中心に、関東で集中出店。さらに福岡県に直営店を出店し、愛知県、宮城県でFC店を出店するなど店舗網を拡大していますが、訪ねてみると、どの店舗でも店舗スタッフの元気が良く、しかも目配りが効いていることに気づかされます。

人財育成をリードしてきた田中竜也副社長が言います。

「私たちの経営理念は、〝街に永く愛される、粋で鯔背《いなせ》な店づくり〟。NATTY SWANKYというのは、〝粋で鯔背〟という意味です。〝暗いお店には行きたくない、明るい店がいいよね〟、というシンプルな考え方です」

多店舗展開で痛感した育成の重要性

NATTY SWANKYと私たちの出会いは、

店舗スタッフの元気が良い「ダンダダン酒場」

8年ぐらい前にさかのぼります。ホスピタリティ&グローイング・ジャパンを設立した年ですが、たまたまパンフレットを手にした田中さんが、興味を持って研修を受講してくれたことが始まりでした。

もともとラーメン店で修業をしていた田中さんは、その頃、商売の手を広げ、ラーメン店のほかスペインバル、焼酎バー、焼肉屋など、多業態を経営していました。忙しいということもあって、店員の教育はＯＪＴだけだったと言います。

「その街のニーズに合った店を出せばいいかな、と思って多業態になったのですが、経営を考えると、どうやらそうではないと気がつきました。試行錯誤していく中で、餃子をメインとした居酒屋を出店したところ、それが非常に受けたのです」

そこで、２０１１年より「ダンダダン酒場」に集中し、出店を加速していきますが、そのときに痛感したのが、人財育成の重要性だったと言います。

NATTY SWANKY・田中竜也副社長

「ラーメン店でも、他の業態でも、店数が少ないときには、私が自分の経験で得てきた接客の技術を教えていました。あるいは店の理念であるとか、私の経営にかける思いを伝えるなどです。しかし、本格的に多店舗化をスタートすると、当然、そのやり方では追いつかなくなりました」

そんなときに知人からグローイング・アカデミーのことを教えられたそうです。そして、田中さんが自ら講座を受講してくれました。

「これが衝撃でした。先輩社員が現場で教えるＯＪＴではない、こんな教育の仕方があるのか、と驚いたのです。挨拶の仕方や、基本的な接客法など、なぜそれが必要で、身につけるとお客様にどのような印象を与えるのかなど、実にわかりやすく教えてくれました。そこで、当時の社員全員に受講させました。今ではダンダダン酒場には挨拶の文化ができましたし、どの店に行ってもスタッフは元気にお客様をお迎えしています。でも、かつてはそうではなかった。そもそも挨拶を、そこまで重要視はしていませんでした。グローイング・アカデミーで、まず〝そういう基本があるんだ〟ということを知り、なぜ挨拶は重要なのか、という意味づけも、みんなが理解することができたのです」

会社は学校ではないので、社員が給料をもらいながら、さらに会社のお金で勉強するなんておかしいじゃないか。かつては、そのように考えていた、と田中さんから聞いたことがあります。それも、もちろん理解できます。でも、社員が自発的に学んだり、先輩から教わるＯＪＴには限界があります。企業規模が急速に拡大していくフェーズであれば、なおさらでしょう。

「読書感想文制度」に惹かれて入社したという新人も

「私たちの会社は、今では学びの文化が根づいたな、と感じています」

そう田中さんは言います。

6年ほど前から、評価制度も導入しました。業績評価だけでなく、接客や研修参加などの定性評価も重視するもので、毎年、改訂を重ねています。今では、ＮＡＴＴＹ ＳＷＡＮＫＹは原則として、私たちの講座もヒントにしながら内製型の研修によって、社員とアルバイトの育成に努めています。

しかし、見逃せないのは、田中さん自身がもともと学びの重要性を理解しており、そのことを成長していく会社の中で、仕組みとして実践していたことです。

例えば、「読書感想文制度」は、もう10年ほど続けているものです。田中さんが毎月1冊、課題図書を決めて社員に提示し、社員は読後に感想文を送ります。その感想文はマネージャー全員が読むそうです。強制的なものではありませんが、多くの社員に読書の習慣がつきました。感想文を送った社員には、書籍代とおやつ代として3000円が支給されるそうです。

そんな制度があった上で、育成の仕組みを構築していったのです。

「私自身が経営に悩んだり、人について悩むとき、読書を通じて多くのヒントを得てきました。哲学書やビジネス書を中心に、もう15年ぐらいでしょうか、月に5冊は読んでいます。この数年は、読書感想文制度のために、つまりは社員のために読んでいるようなものですが、読書の効用は間違いなくあると思います。中には、本など読まないのに優秀、という社員もいますが、知識のある人の行動と、知識のない人の行動は違うでしょう。100のことを知っている人がお店を運営すれば、10の人とは行動が違う。結果も絶対に違ってきます」

学びの文化があり、また学びの仕組みがあることは、採用にも好影響を与えているそうです。新入社員に入社理由を挙げてもらうと、「勉強できる環境みたいなので」と答える人が少なくないと言います。中には「読書感想文制度に惹かれました」という新人もいるのだとか。学びの機会があることに魅力を感じて会社を選ぶ若手は多いのです。

育成と評価制度という仕組みが定着したことで、NATTY SWANKYの経営には、どのようなプラスがあったのでしょうか。例えば業績との相関などがハッキリすればわかりやすいのでしょうが、定量化は困難です。ただ、一つの指標として田中さんは「社員の在職期間が長くなった」ことを挙げています。

スマホアプリによる学習も導入

株式公開も果たしたNATTY SWANKYは、さらに出店を強化していきます。企業規模が大きくなった今、育成もまた、次のフェーズに入ろうとしています。

「今の内製研修のやり方では、追いつかなくなってきました」と田中さんは言います。現在は、スマホを使ってスキマ時間に学習できる「グローイング・モバイル」という私たちの現場教育用アプリを、およそ1500人の店舗スタッフ全員に使ってもらっていますが、あらためて全社員を対象に、もう一度グローイング・アカデミーの研修を受講させることを検討しているそうです。かつて私たちのところで研修を受けて、まだ会社に在職している人は、ほとんどが幹部クラスになりました。そこで、グローイング・アカデミーに行ったことのない人たちに行かせよう、ということのようです。

5-1 売上高と営業利益／店舗数

各年6月期

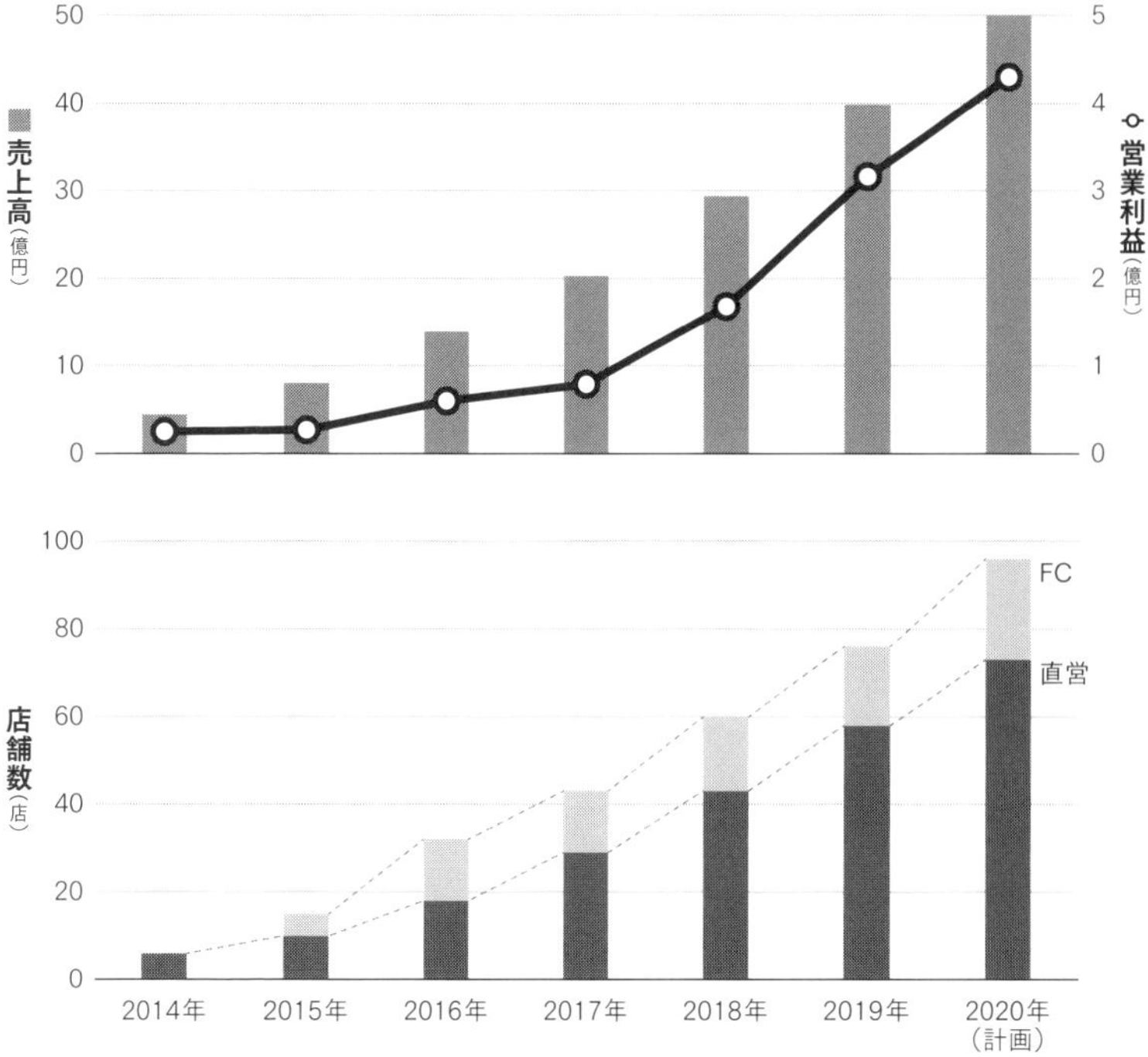

「店舗スタッフと話をすると、みんな勉強したがっています。というのは、〝知らない〟ということが彼らのストレスになっているからです」

学ぶことが企業文化となり、多くの社員が知ることを求め、積極的に研修に参加する。こういう企業が成長していくのは当然のことではないか、と私は思います。

CASE 2

あさひ

「教育と評価」の両輪でボトムアップを図る

あさひ	
会社設立	1975年
資本金	20億6135万円
本社所在地	大阪市都島区
従業員数※	1491人(1727人)
店舗数※	直営449店、FC24店

※2019年2月期　(　)は年間平均の臨時雇用者数

サービス基礎力の徹底化

次は小売業の事例です。

1975年に大阪で設立されたあさひは、自転車専門店「サイクルベースあさひ」を全国で470店以上も展開する、日本最大の自転車小売企業。2004年には株式公開も果たし、なお成長を続ける企業です。

もともと人財育成には力を入れてきた同社ですが、2011年、12年と年間に40店舗ペースの大量出店を続けた後、あらためて人財育成の強化を図るためにグローイング・アカデミーが協力をすることになりました。今から5年ほど前のことです。

同社が育成のテーマとしたのは「サービス基礎力の徹底化」でした。第1章でも述べましたが、誰もができなければならないサービスの基礎力を身につけさせることです。その背景には、大量出店に伴い、新しい社員が増えたことがあります。現場レベルでは、それまでＯＪＴによる育成を中心にしていましたが、先輩社員の教え方によって成長に差が出てくることもあり、育成のレベルを全体的に底上げする必要がありました。ただ、育成の仕組み化を目指す中で、どの役職、階層に、どのような研修が必要なのかという整理に悩みを抱えていました。

そこで、私たちが関わり、プログラムとコンテンツ作りを進めました。企業理念に対する理解を深めながらホ

「サイクルベースあさひ」大阪・都島本店

スピタリティ精神のベクトルを合わせることに加え、店長のリーダーシップとコミュニケーション能力を高めることも主要な課題となりました。

プロフェッショナルに求められる人間力

あさひの下田佳史社長は言います。

「自転車の整備に代表される専門的な技術力はもちろん必要ですが、お客様のニーズに対応するプロフェッショナルになるためには、人間力を高める必要があります。そのように考えて、さまざまな研修会社を調べましたが、現場を経験してきた人が講師を務めるのはグローイング・アカデミーだけでした。フードサービスでもホテルでも、また私たちのような小売業でも、接客サービスには普遍的なメソッドがあると思います。リッツ・カールトン・ホテルやディズニーランドなど、グローイング・アカデミーの講師の方は、お客様満足を追求する姿勢に共通点があります。研修の内容が現場に即していることがよくわかりましたし、受講させてみると現場の人間が親しみやすいプログラムでした」

お客様の立場で考える、とはよく言われることですが、誰もがすぐにできることではありません。会社として、考え方を共有し、サービスのレベルを揃える必要もあります。あさひは、覚悟を決めて教育に投資をし、学んだことを現場で活かすことを意識しています。

「確かに効果の測定は難しいのですが、企業の将来の成長のためには学びの場を提供し続けることが必要です。年数をかけてスキルを蓄積していくことが大事で、私はそういうチームを作っていきたいのです」

あさひの場合、自転車に関する技術を習得させる教育については、もともと熱心でした。その下地があるので、方針さえ決まれば、実行はスムーズでした。

あさひ・下田佳史社長

スタッフ育成につながる研修を実施

主に店長を対象としたＯＪＴトレーナー研修の会場で、研修がどのように日常業務に活かされているか、受講者に聞いてみました。

「店長になって10年経ちますが、コーチング研修を受講したことで、部下の目標設定の仕方が変わりました。〝頑張ってね〟で終わるのではなく、いつまでに、どのようにして目標を達成するのかを話し合い、それについて私がこのように協力しよう、と踏み込んだ話をするようになったのです。モチベーションの引き出し方に役立っています」（大阪N店の店長）

「部下の教育が悩みでした。そんなときに研修でティーチング、コーチングについて学びました。それぞれの特性によって、ティーチングとコーチングを使い分けることを知り、業務に活かしています。自分に一番必要なものを、ピンポイントで教えていただいた気がします。店長歴は4年ですが、今は、部下をすごく大切に感じるし、成長してもらいたいと思います」（都内W店の店長）

「私は入社4年目ですが、接客マイスターという社内資格を取得したので、研修に参加させてもらいました。参加されている店長の方々はみなさん優秀で、ついていくのが大変です。でも、吸収することがたくさんあって、私自身に指導する場面があれば、きっと役に立つと感じます」（都内S店勤務）

コーチングに限らず、リーダーシップを涵養し、コミュニケーション能力を高める研修での学びが実践に活かされ、特に店長の間でスタッフを育てることが強く意識されるようになった。それがこの4年間のあさひの変化ではないかと思います。

「店長の役割は、いいサービスによってリピーターを増やし、また口コミでファンを広げること。〝売って終わり〟ではなく、また業績目標を達成しさえすればいいというわけではありません。ですから、例えば20年前などと比べ、店長に課せられている役割は大きく変わりました。難易度が上がっている、と言えるでしょう。企業理念の浸透は、店長レベルではしっかりできていると思っていますが、さらに、店舗スタッフに浸透させていきたい。研修はそのためのツールでもあると考えています」（下田社長）

そのように育成の文化が定着したのは、研修実施だけではなく、評価制度も整備してきたからです。

「評価は、企業にとって永遠の課題だと思います」と、下田社長は言います。「10年前に新しい人事制度を導入しましたが、毎年ブラッシュアップしています。評価者のトレーニングも実施し、接客やサービスなどについて、定性的な評価もしています」

教育はコストではなく投資

あさひの人財育成について私が感じるのは、「教育はコストではなく、投資である」という下田社長の信念の強さです。

全国から社員を集めて実施する研修も、精度を高める評価のブラッシュアップも、手間がかかり、お金もかかりますが、そこに迷いはありません。企業理念に即して人を育て、サービスの質を高めることによって店舗の近隣の人にあさひの良さを知ってもらうことが、ロイヤルカスタマーを増やすことにつながる。そして、それによって企業が成長していくという、経営の王道を行っているのです。

「花火を打ち上げるのは簡単ですが、長続きはしないでしょう。私たちは、いわゆる〝特売〟もやめま

店長クラスが集まる、あさひの研修風景

した。宣伝してお客様を集めても、そこでがっかりさせてしまっては意味がない。特売をすると店舗のオペレーションが煩雑になり、サービスが低下する恐れがあります。そうではなく、一人一人のお客様に誠意を持って接することが大事です。その意味では店はメディアであり、店長をはじめとするスタッフがサービスを通して顧客満足度を上げることが、企業の成長の源泉です。時間がかかるやり方で

5-2 売上高と営業利益／店舗数

各年2月期

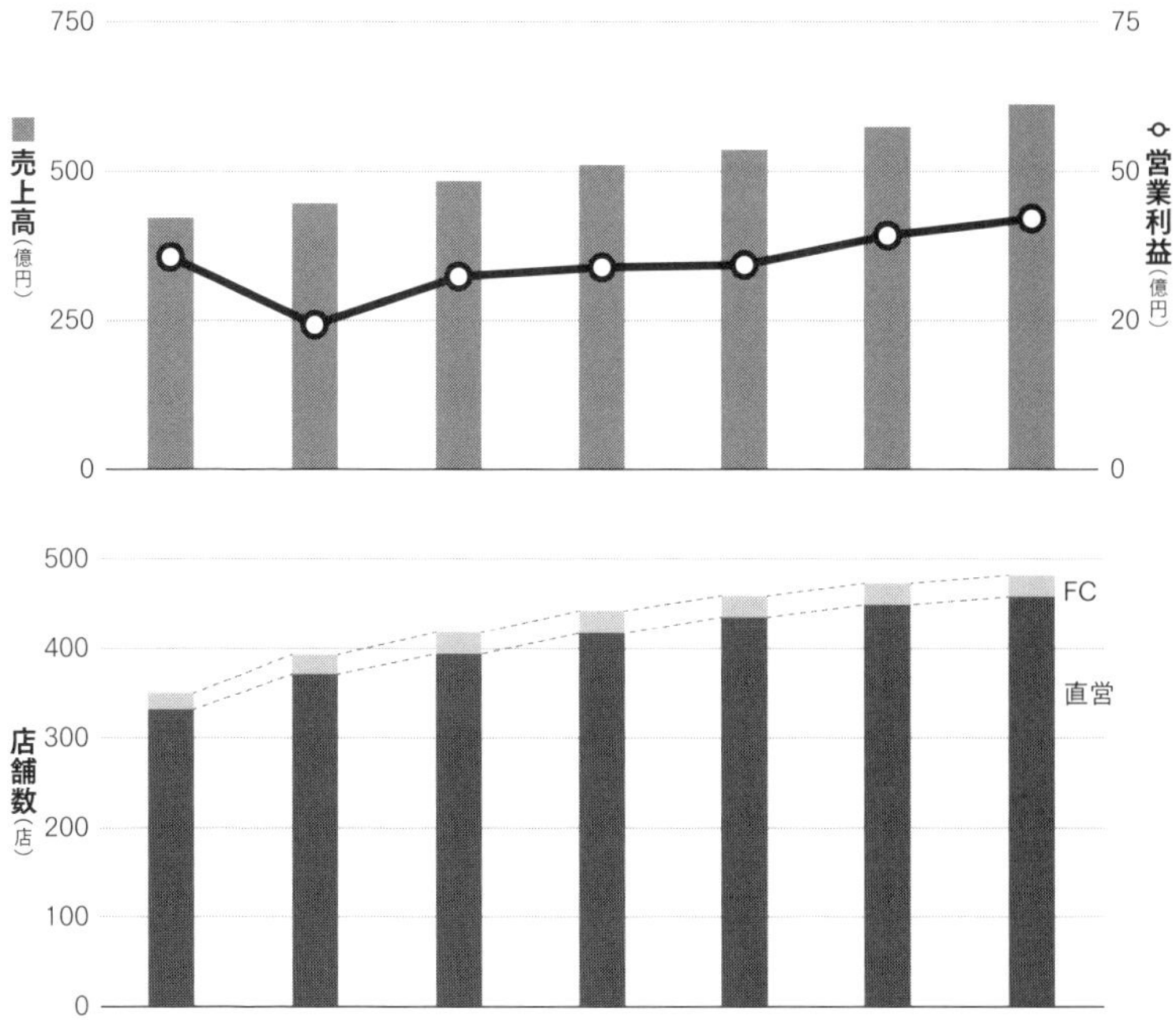

はありますが、人の成長が一番重要で、会社としてそれをどうバックアップできるかが問われるのだと思います」（下田社長）

店舗数は２０１９年12月末時点で４７６店となり、５００店舗を目前としていますが、数を追うのではなく、社員の成長と歩調を合わせ、質を落とさない出店を続ける考えです。

「ですから、まだまだ育てまくらなければならないんです」

下田社長は、そう言って笑いました。

CASE 3

三州ペイント

研修を通じて「クレド経営」を浸透させる

三州ペイント	
会社設立	1991年
資本金	1000万円
本社所在地	福岡市博多区
従業員数	280人

会社としての基準を示すクレド

三州ペイントは福岡市に本社を置き、九州から東北までに支店網を持ち、全国展開しています。塗料業界では珍しく、商品開発・製造から営業活動や商品提案、施工までを自社で一貫して行うユニークな会社です。このような一貫体制により、エンドユーザーの声を直接聞くことができ、商品開発やサービスに反映させることで「高品質」を実現しているという特徴があります。お客様の利便性を考慮して、例えば、従来は4回の施工が必要だった塗装を2回で終わらせるデュアル・コート工法や、1日で終わらせるオールインワンという工法も開発しました。工事に際しては住宅を養生する必要がありますが、シートを張ると、部屋の中は真っ暗で換気もできない、洗濯物も干せないという環境になります。工期の短縮は、そんなお客様の負荷を減らしたい、という思いから開発されたものです。

この三州ペイントは「クレド経営」を掲げ、顧客満足の向上に努めています。クレドというのはリッツ・カールトン・ホテルなどで知られるようになりましたが、企業経営における行動規範のこと。狭義では、それを社員が共有するためカードにして、常に携帯するものとして知られます。多くはサービス業が取り入れる理念経営のことを指しますが、なぜ外装塗料の開発製造・販売・施工会社である三州ペイ

塗料製造から外装施工まで一貫して手がける

ントがクレド経営を取り入れたのでしょうか。八藤丸貴実社長が説明します。

「リフォーム業界の市場規模は7兆円弱ですが、国の施策として20兆円にまで拡大を目指す中で、新規参入も増えています。家電量販やホームセンターなど、異業種からの参入も増えており、ブランド力ではなかなか追いつきません。そこで、人のサービスによって差別化しようと考えたのです」

顧客満足を最優先に

営業会社は、ともすると顧客満足よりも受注拡大を優先することがあります。しかし、三州ペイントは、顧客満足を最大化することこそが最優先と考えました。

２０１１年に起こった東日本大震災という未曽有の災害によって、あらためて人と人とのつながりや人間力の大切さを知り、そのことを営業スタッフにも感じ取って学んでほしいという思いから、かねてより準備を進めていたクレドを見直

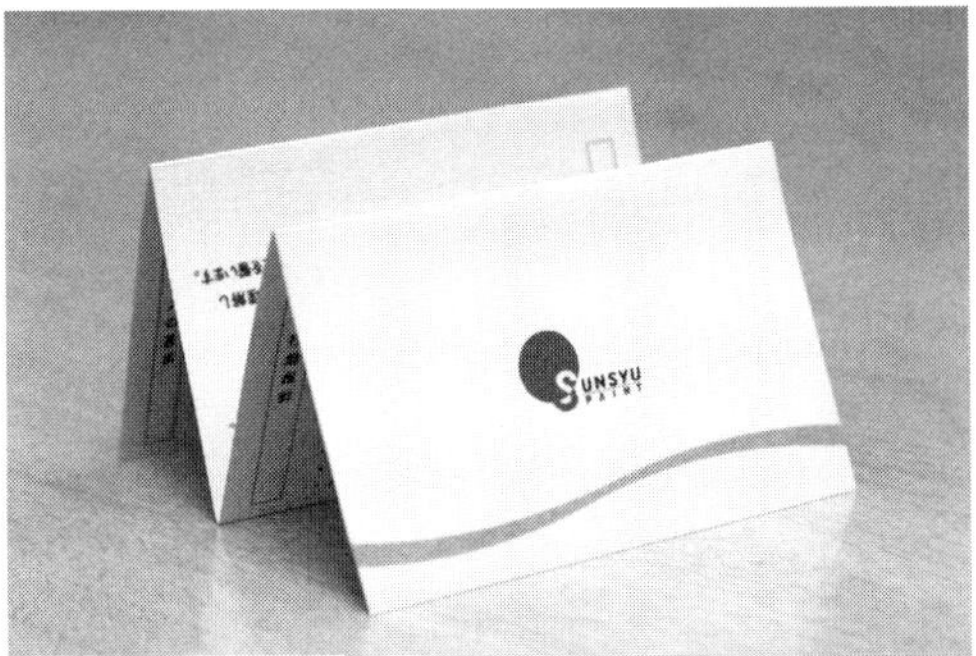

全社員が携帯するクレド

した上で、2011年7月より本格的にクレド経営がスタートしたのです。

お客様を大切にするという考えは、もともとありました。短期間で終わる工法を開発したのも、その姿勢の表れですが、顧客満足を最優先するということについては、より本質的な理由がありました。

外装施工は、他の商品やサービス、例えば家電や自動車、洋服などとは違い、試着や試乗ができません。試しに塗らせてもらう、などということができないのです。「完工後、20年は保ちます」といったところで、それが本当かどうかは証明できない。つまり、お客様に信用してもらうしかない事業です。

三州ペイント・八藤丸貴実社長

その「信用される力」を会社としての基準として示すものがクレドということになります。クレドそのものは公開していないそうですが、社長自身の営業経験もふまえたオリジナルなものです。

「私たちが心がけていたのは、顧客満足度を何よりも優先することです。お客様を、決して裏切るようなことをしない。そうした考え方と姿勢があったからこそ、これまで実績を上げてこられました。それを言葉にして集約したのがクレドです」

その考え方は素晴らしいと思います。ただ、業界の文化として馴染むかと言えば別の問題です。外装施工は職人の世界ですから、基本は「いい仕事をすれば、それでいいのだ」という価値観です。クレドって何？　と社員も首をかしげるところからスタートし、2〜3年は浸透しなかった、というのも当然のことかもしれません。

世の中でも、今ほどクレドは知られていませんし、ホスピタリティという言葉も定着はしていない頃のことです。

「レストランだったら、お客様のコップの水が空になったら、スマートに注ぎに来る。でも、そのこと自体が評価されるわけではありませんし、給料が上がるわけでもない。となると、だったら、やらなくてもいいじゃないか、となる。私自身が全国の支店を回ってクレドの説明をしましたが、なかなか浸透しませんでした。そこで、研修によって理解を深めなければ、と考えたのです」

研修後にグループ・ワークを実施

私が八藤丸社長と出会ったのは、そのようなときでした。ちょうど、グローイング・アカデミーが福岡支社を立ち上げようというタイミングでもありました。

社長ご自身に、ホスピタリティ、リーダーシップなどいくつかの研修を受けていただき、本格導入ということになりました。ただし、サービス業を対象とする内容なので、そのままではそぐわない点もあるので、少しプログラムをカスタマイズしました。

顧客満足度を向上させるためのクレド経営を浸透させることを目的とする研修ですから、社員の方にとっては不慣れなプログラムであったはずです。しかし、研修自体は、最初から好評だったようです。

「講師が一方的に教えるという研修ではなく、グループ・ワークなども取り入れた点が私もいいなと思いましたし、社員も楽しかった、と言います。プログラム内容についてもモチベーションの上げ方や脳の使い方など、それまでに学んだことのない研修もあって、刺激になったようです」

さらに、三州ペイントは、研修を実施して、それで終わりとはしませんでした。今も続けているそうですが、研修の後、受講した社員を集めてグループ・ワークをさせるのです。研修で学んだことを、業務にどう活かすか。それを書いてもらって、話し合いをするのです。それによってズレをなくすことができますし、三州ペイントでの具体的な行動に当てはめて考えることもできます。

「研修は、それ自体が目的になりがちですが、あくまで考え方と行動を変えるためのスタートですし、何より成果を出さなければなりません」

八藤丸社長はこのように狙いを説明しますが、第2章で述べたグローイング・サイクルの「2　教える」に続く「3　要求する」のために、まずアクション・プランを各自が作り、共有する、ということです。

施工を担当する職人にも研修を実施

研修によって、ホスピタリティに対する理解は深まり、クレドの考え方も浸透し始めました。三州ペイントでは、さらに100ページにも及ぶクレド経営のマニュアルを作成し、全社員に配付しました。OJTに際しても、マニュアルをふまえた指導をするようになっています。

また、評価制度も導入しました。業績評価だけでなく、プロセスに対する評価も加味し、またクレド経営を理解し、それに沿った行動ができるかどうかを評価項目に取り入れたのです。同時に「人を成長させるための評価」にするために工夫を凝らし、評価者のトレーニングも実施しました。そのようなさまざまな取り組みによって、クレド経営はかなり浸透してきた、と八藤丸社長は感じています。

「評価制度を導入してから、クレドに対する意識がぐっと強くなったと思います。社員の行動や考え方が変わってきたかどうかは、なかなか定量的に測れませんが、一つの証明としては、お客様へのアンケートの結果が良くなってきた、ということはあります。少しずつですが、ホスピタリティが身についてきた、と言えると思います」

お話を聞いていて私が驚いたのは、6～7年前から社員だけでなく、施工を担当する職人にもクレド経営を身につけてもらおうと、集合研修を実施していることです。塗装職人のみなさんが「笑顔の作り方」や「挨拶の仕方」を学ぶのです。普通に考えれば、うまくいきそうには思えませんが、実際にやってみると意外な結果になりました。

「職人から文句が出るようなことはほとんどなく、みんな喜んでいたのです。研修のような形で勉強する機会がなかった、ということもあるでしょう。顧客満足やホスピタリティなど、多くが初めて学ぶことなので、非常にためになる、ワークが楽しいなどと毎年、好評です。2019年は〝若手とのコミュニケーション〟をテーマに、120人を3回に分けて研修をしました。人不足の環境で育成の重要性が増していますが、彼ら自身が困っているはずだと考えたからです。自分たちがそうされた経験がないので、若手を褒めるとか、意見を尊重するとか、話しやすい環境を作るなどというやり方がわからないのです。おかげさまで、たいへん好評でした」

お客様からの感謝が次の自信に

社員だけでなく、関係先も含めて進めるクレド経営は、おそらくお客様からの好反応につながっていると思います。「本気の感謝が見返りとしてあるのです」と八藤丸社長は言います。

「誠実な工事をしていただき、ありがとうございました」

「悪天候の続くなか、施工の方も営業の方も丁寧に一生懸命にやっていただき、感謝しております」

「スタッフの皆様が態度がとても良くて感心しました」

施工後のアンケートによるお客様の声は、社員の間で共有されています。お客様による信頼感が、次の自信につながる。クレド経営の浸透は、そうした好循環を生みます。

「一人のお客様がリピートしてくださるのは、次の工事のときですから10年先。私たちの会社にとってのリピートは、口コミで新たなお客様を紹介していただくことだと思っています。今のところ、そういう事例が次々に出てきているわけではありませんが、今後は十分に見込めると思っています」

お客様目線で考えることが常態となり、施工技術も含めてサービス・レベルが向上すること。三州ペイントの事例は、「教育」と「評価」による人財育成が広く多様な業種に適用できることを示すものですし、逆にサービス業が見習うべき面が多いのではないでしょうか。

担当分けの変更がスタッフを育てる

自分自身が現場で働いていたマクドナルド時代を振り返ると、店長のときに店を変わることが成長につながったと感じます。同じ会社ですから、店舗運営に関する基本的なポリシーは同じです。しかし、例えばQSC一つとっても、マニュアルは共通であるのに、そのやり方は店長によって微妙に違っています。つまり、店が変わると、前の店でのやり方が通用しなくなるのです。副店長をはじめとする社員やアルバイトの顔ぶれも変わりますから、その点でも違和感があったり、それを解消するためのコミュニケーションが新たに必要になりました。このように、新しい現場で悩み、それを克服していくことが、自分にとってとても大きな経験になったことが今ではわかります。

業務のローテーションによって新しい仕事を覚えることが、成長意欲を引き出すことにつながります。ここではアルバイト・スタッフがなかなか長続きせず辞めてしまう、という状況を想定して、話を進めましょう。

アルバイトを「辞めない理由」を探ったアンケート調査があります。それによると、①コミュニケーション、②育成（教育）、③評価・昇給・昇格が、辞めない理由の上位3つでした。社員やアルバイト仲間とのコミュニケーションが上位であることは理解できます。しかし、育成が上位にランクされるのは、私にとっても驚きでした。後々の経験から、このことを正しいと理解できるのですが、アルバイトはいろいろなことを学べることに楽しさを感じているのです。アルバイトは、学生や主婦などが小遣い稼ぎをするもの、と思いがちですが、そんなパートタイムの労働の中でも、スキルアップすることによって自分が成長しているという実感を得ています。

そのことを起点にアルバイトへの対応を考えると、アルバイト・スタッフが辞めずに長続きするための手立てが見えてきます。ずっと同じ仕事を続けていると、どうしてもマンネリ化してきます。マンネリ化して仕事が機械的になっていくと、それでは学びから遠ざかり、スキルアップにはつながりません。そこで効果があるのが、いいタイミングでローテーションさせること。担当分けを変更することで、新しい業務を覚える機会が生まれます。マクドナルドでは、同じ店舗内で、意図的に、頻繁に担当を変えていました。新しいポジションでの業務を教え、それによってランクが上がったり、時給が上がったりと、もっと他の仕事を覚えたい、と思わせる仕組みを作っていました。

「同じ業務を続けたい」と強く希望するアルバイト・スタッフについては、スペシャリストとして処遇することもあり得ます。本文でも触れた「やりがいの多様化」に対応することも、長く働いてもらうためには必要でしょう。その場合も、きちんと評価し、給料が上がる仕組みにすることで、モチベーションを維持、向上させることができます。

ただ、そんなスペシャリスト志向のスタッフにも、新しい業務にチャレンジすることを勧めることは大事です。それによって、さらに成長する可能性がある、ということを理解すれば、さらに意欲を引き出すことができるかもしれません。

第 6 章

働く人の「やる気」を引き出すTIPS

6

本章では第1~5章の振り返りを兼ねて、
教育と評価をめぐる実践ポイントを
TIPS《ティップス》風にまとめていきます。
共通するテーマは働く人の「やる気」を引き出すこと。
通読していただいても構いませんし、
部下指導で迷ったり、困ったりしたときに
さっと目を通して確認できるように項目を選び、
配列してみました。

《人財育成はなぜ必要なのか》について

まず、本書のメインテーマについて、もう一度、確認しましょう。ここは第1章と第2章の振り返りとなります。

01 いい店舗の条件とは？

商品だけでなく、店の清潔感や、良いチームワークが醸し出す雰囲気など、トータルでお客様に好印象を与えることです。それらを支えるのは、店舗スタッフの人間性と人間関係。つまり、人の力が問われるのです。

02 どうして教育は大事なのでしょうか？

多くの人が、自分が成長できる場所（会社）で働きたい、と考えます。労働環境が良く、いい教育をして人が育つ場所（会社）には多くの人が集まりますし、簡単には辞めない、ということになります。

03 人を育成するために、企業がしなければならないのはどのようなことでしょうか？

「基準を示す」「教える」「要求する」「評価する」、このグローイング・サイクルをきっちり回すことができる「仕組み」を作ることです。

04 どうすれば人財が定着するでしょうか？

「労働環境」を整え「教育」し「評価」する。この3本の柱で人は定着します。また、この3本柱は採用にも大きく影響します。

05 働く人のモチベーションを上げるためには、どうすればいいでしょうか？

頑張った分の見返りを与えることです。「今、この仕事を頑張れば、次の評価がこのように上がる」とわかれば、働く人のモチベーションは上がり、成長を促します。

06 若手にやる気が見えません。どうすればいいでしょうか？

当人に成長意欲がないのではなく、それを引き出していない、ということではないでしょうか。そういう視点を持てば、成長意欲を刺激するような何らかのアクションが生まれてくるはずです。本人のせいにしているままでは、永久に何も生まれません。

07 現場で一生懸命仕事を教えているつもりですが、なかなか若手が伸びません。

その人に「どうなってほしいか」「どういうことができるようになってほしいか」、それをまず会社で決めることです。正社員でもアルバイトでも、入社からステップごとのゴール設定を決め、周囲がそれをサポートしていくというように、仕組み化することが必要です。ゴール設定と同時に、「要求する」ことも、育成のカギとなります。つまり、教えたことをちゃんと実践してもらう、ということです。

08 人によって教え方にばらつきがあります。

ゴールを明確にして共有し、現場マネージャーや先輩社員の考え方だけに任せないことです。教育が属人的になるのは、個別の上司の力量に任せっぱなしにしているからです。

09 育成の基準は、どのように決めればいいのでしょうか？

基準を明確にするには、それぞれの業務について、やっている内容、どうなってほしいかを書き出していきます。あるいは、最も優秀な店長の行動から、「こうなってほしい」という項目をピックアップして、それを基準とする方法もあります。

10 育成の手法は、ＯＪＴだけでいいのではないでしょうか？

ＯＪＴは、現場で学べる利点は大きいものの、教えて終わり、となりがちなところがあります。現場で実施するものだからこそ、ＯＪＴリーダーである上司・先輩にすべてが委ねられてしまい、放置されてしまいがちなのです。また、ヒューマン・スキルなど、ＯＪＴでは教えることが難しいテーマもあります。集合研修でないと学べないこと、集合研修だからこそ学習効果の高いものがあります。

11

集合研修をしても、それが業務に活かされていない気がします。

現場において上司や先輩が、教えたことを実行に移すことを要求し、「やらない／できない」ことを見過ごさない、ことが大事です。言い換えれば、「後追い」をしっかり実行することです。後追いをするためには、上司が、部下が受ける研修の中身を知っている必要があります。

《言葉がけ》について

対部下、ないし同僚間でのコミュニケーションにおける最適な方法について、またスタッフの採用手法について、具体的なポイントをまとめます。

12 気持ちのいい挨拶をするコツは？

相手の目を見て笑顔で。

13 いい仕事をしたときの褒め方は？

具体的に褒める。大げさではなく自然な言い方をします。

14 ルールに反したときの叱り方は？

問題行動を具体的に指摘します。その行動が本人以外にもたらす良くない結果を知らせせ、今後どのような行動をとってほしいかを伝えます。

15 外国人スタッフのやる気を高める言葉は？

言葉は国々によって捉え方が違います。[*1]カルチャー・アイスバーグの理解や文化の違いから常識が異なることを認識した上でコミュニケーションをとり、相手に最も伝わりやすい言葉でやる気を向上させるといいでしょう。

16 適切な応募者を見抜くための面接の仕方は？

求める「コンピテンシー」（採用基準）を明確にし、質問スキルを身につけた面接官に面接させることです。

17 ここで働きたいと思わせる面接の仕方は？

リラックスできる雰囲気作りをし、仕事の内容や条件を丁寧に説明します。経歴だけではなく、人柄を見ることも大事です。

18 スタッフの「やりがい」を見きわめるための質問は？

どんな仕事をするときが楽しいかをヒアリングします。また、将来どのような人になりたいのかを聞きます。

19 仕事の悩みや不安を吸い上げるときの言葉がけは？

困ったときに相談できる環境を作り、積極的に話しかけます。本音を話してもらえるよ

＊1　カルチャー・アイスバーグ：文化を「氷山」にたとえ、見たり触れたりできる部分（見える文化）と、その根底にある抽象的な部分（見えない文化）があるとする考え方。

うに、信頼関係を築くことが大事です。

20 ミスを振り返らせるときの面談の仕方は？

ミスの内容・原因について本人から話をさせます。他人のせいにするような発言がある場合は、自身に非がないかを考えさせるように促します。ミスを防ぐために、次はどうするかを考え、発言させることも大事です。

21 成長したことを効果的に伝える言葉は？

具体的な事実をフィードバックしましょう。

22 会社や店の理念を上手に伝えるためには？

理念研修や、普段のコミュニケーションの言葉の中に織り込んで伝えます。

《職場作り》について

第1章と第2章の内容をふまえ、やや応用編としてのポイントをまとめます。

23 部下のモチベーションを高める上司の特徴は？

正しく評価し、正しくアドバイスし、褒めてくれる人です。

24 和気あいあいとした雰囲気を作るには？

働く人の多様性を、みんなが受け入れ、小さなことでも「認め合う」習慣を作ることです。相手の良いところを認め、それを相手にきちんと伝えることが大事です。

25 店長がいなくても回る職場を作るには?

権限委譲を積極的に行い、時間帯責任者を育成しましょう。

26 アルバイト・パートから評価される店長の共通点は?

率先垂範ができることです。話を聞き、きちんと指導やアドバイスができることも大事です。

27 アルバイト・パートの接客力を高める方法は?

店(会社)が、どこまで求めているかを認識してもらうために、手本を示すことが必要です。基準を示す動画を作成することも効果的です。また、成長の過程では、褒めることを優先させます。

28 クリンリネスの意識を高める方法は？

QSCのチェックリストを作成し、店舗社員の評価に直結させることです。

29 年配者や主婦、外国人など多様なアルバイト・パートが「仲間意識」を醸成するには？

店長がリーダーシップを発揮し、メンバーに同じ目標を持たせることです。仕事の目標に、働く人の属性は関係ありません。言い訳にしないで多様性を活かす工夫をしましょう。そして、目標を達成した際の、チームへのご褒美を決めてください。

30 アルバイト・パートへの適切な注意の仕方は？

信頼関係を醸成する努力をした上で、ティーチングだけでなくコーチング、カウンセリングの手法をふまえた声がけをしましょう。

《店長育成》について

第3章の内容の振り返りです。サービス業にとってきわめて重要な、店長育成の原則について確認しましょう。

31 店長育成の大原則は？

店長を育成する役割を持つエリアマネージャーとの接点が少ないことが、店長育成の最大の難しさです。上司が接する時間が短くても育成していける仕組みを作る必要があります。

32 どんな仕組み作りが必要ですか？

例えば、一人の社員が入社したときから店長育成を始めることです。新入社員には、ただ目先の業務を教えるだけでなく、何年かのちに店長に昇格させることを前提としてトレーニングします。新入社員を2年で店長にする、などとゴールを決めて、例えば、入社半年でアルバイトのシフトを組むことを教えて、人件費を勘案しながら、サービス・レベルが低下せず、お客様に迷惑にならないような組み方を半年間させることなどがお勧めできます。

33 エリアマネージャーが多忙で、店長が孤独に陥りがちです。

エリア単位で、エリアマネージャーが主催する店長会議は有効です。これは数人の集まりでも構いません。優れたエリアマネージャーは、優秀な店長を利用して、他の店長にいい影響を与えます。同時に、店長会議は店舗スタッフには話しにくい疑問や悩みを打ち明ける場にもなり、話をすることで孤独に落ち込まずに済むという大きな利点があります。

34 店長が成長するために、有効な指導法はありますか?

最低でも半年に一回、エリアマネージャーが店長と評価面談をして、良かった点、いま一つだった点をしっかり表面化させ、次期の課題について話し合うことはとても役に立ちます。次に評価を上げるためにどうするかを上司とディスカッションするような習慣ができれば、店長は必ず成長するでしょう。

《評価制度》について

最後は第4章の振り返りです。教育と評価が人財育成の両輪、というのが本書の主張。「評価制度」について、しっかりご理解いただければと思います。

35 評価制度は、なぜ重要なのですか？

評価制度は人財育成のためにあります。①社員に成長してもらうこと、②仕事にやりがいを持ってもらうこと、③長く働きたいと思ってもらうこと、この3点が目的であり、重要なポイントです。

36 評価制度があるのですが、うまく機能しません。

つまずきのポイントは共通しており、それは5つに集約できます。

特に問題なのは、「評価者教育をしていない」ことです。これを放置していては、人財育成という目的を達することはできません。

37 部下へのフィードバックについて、マネージャー間でばらつきがあります。

評価を伝えることは必須ですが、人財育成を目的とするなら「次はどうするか」を話し合って決めることが欠かせません。それには、研修によってコーチングのスキルを身につける必要があります。また「評価会議」を実施すれば、他の評価者の発表から気づきを得て、ひいては会社全体の評価のレベル感が合うようになります。

38 業績だけで評価すればいいのではないでしょうか？

人財育成を目的とするなら、業績という結果だけではなく、それに至るプロセスでどのような行動をとったかを評価するべきです。業績はすごく上げるけれど人間力が低い、というタイプが要職を占めるようなことがあれば、企業にとってはリスク要因になります。

39 評価にどうしても「甘い／辛い」が出てしまいます。

人が人を評価するのですから、主観によって左右されることは避けられません。それを避けるには「評価会議」によって目線合わせをすることが有効です。

COLUMN 6

バイトテロを防ぐための育成とマネジメント

コンビニエンスストアや外食店での、アルバイトのSNS不適切投稿が世間を騒がせました。この、いわゆる「バイトテロ」は、企業全体が世間から指弾され、中には閉店に追い込まれる事例もあるなど、サービス業にとっては放置できない問題です。

世間の常識を知らない若者たちを批判する向きが多いですが、それよりSNSが普及したことによって情報発信のツールが多種多様になったからこそ発生している問題だと捉えるべきでしょう。グローイング・アカデミーにも、パート・アルバイトや新入社員向けの講座の中でSNSの不適切投稿によるリスクについて、過去の投稿事例をふまえながら伝えている講座があります。以前と比較するとSNS投稿に関しての社内喚起をする企業は多くなっていますが、今一度内容を見返し、再度発信を行わなければならない時期が訪れていると思います。

最善の対応は、アルバイトへの教育と、店長への教育です。アルバイトに対しては、入社時のオリエンテーションでSNSの投稿ルールに関して伝えるようにします。「バイトテロ」の多くは大した悪気はなく、面白半分にやってしまうようです。そこで、SNSの特性、会社としてのリスク、個人にはどのような処罰があるのかを徹底的に教え込みます。SNSでの炎上は企業も大きなダメージを受けますが、実は個人が受けるダメージのほうが大きいのです。店に大きな被害が出る、会社が多大な迷惑を被るという話ばかりでは、相手もきちんと理解できないかもしれません。

それよりも、個人に対するダメージは「軽い気持ちでやった」ことへの対価としてはまったく割に合わないことを理解させることが大切です。多額の賠償責任を負う可能性、その後の人生に多大なマイナスのダメージを与えることを認識させるべきです。また、オリエンテーションだけで終わらせるのではなく、定期的な注意喚起は必要です。

一方、店長に対しては、まず日々のコミュニケーションをしっかりとることと、アルバイトの勤務状態を観察するように伝えます。不適切な行動をしてしまう理由は、仕事が面白くないことや手が空く時間があること、職場に不満があるということがほとんどです。ですから、店長がアルバイトに対して意識を向けることで気づくことがあるはずです。そのアルバイトが店長との信頼関係があり、会社やお店のことが好きなのであれば、店長や店舗に迷惑をかけるような行為は起こりません。

さらに店長に対しては、それでも不適切投稿が発覚した場合にどのような対処を行うのかを教育します。不適切投稿に気づいたら、まずは投稿した本人にアカウントや投稿の削除を要求すること。一方で、店長自身が上司に報告するタイミングや手段を伝えることが必要です。一人で問題を抱え込むのではなく、炎上が大きくなるようなら、それ以後の対応はすべて会社に任せた方が賢明です。

SNSには、言うまでもなく会社や店舗のPRに活用できるというメリットもあります。ですから、禁止するのではなく、前向きな活用法について、みんなで検討してはどうでしょうか。会社としてのアカウントを立ち上げ、ルールを明確化した上でアルバイトに協力をしてもらうと大きな効果を出せるかもしれません。それが店のプラスにもなる、という理解を共有できれば、その同じツールを良からぬことに使用する、という発想は生まれなくなるのではないでしょうか。

おわりに

あらゆる企業にとって大事な人財育成について、ただ研修を実施するだけではなく、それらを仕組み化して、教育と同時に評価をきちんとすることで、人は必ず成長します。そんな本書のテーマについて、ご理解いただけたならたいへん嬉しく思います。

元々、飲食業でずっと働いていくつもりだった私ですが、BCホールディングスグループ代表の笠井大祐氏から、サービス業に特化した教育事業をやろう、と声をかけられ、「サービス業の未来を変える」そして「サービス業で働く人々を輝かせる」ために、2012年4月、ホスピタリティ&グローイング・ジャパンを設立し、8年経ちました。

おかげさまで多くの企業の育成に関わることができ、会社自体も大きく成長してきました。同時に、企業にとって「働く人」についての苦悩が深まり、経営課題としての重要度はますます高くなってきました。本書のベースは、私自身のマクドナルド、ユニクロでの経験ではありますが、この8年の間に、新たに学んだことも少なくありませんでした。

会社の創業時に、私は55歳でしたが、そこからさらに知見が深まり、考え方の幅も広がったという実感があります。そんな基本的な考え方と、新しい経験に基づく知見を、しっかり形に残したい。それが本書を執筆する動機でした。一方では、長年働いてきたサービス業に対して、少しでも役に立ちたい、何かを残したいという思いもありました。現場で奮闘を続ける、多くの後輩のみなさんに、気づきがあるのであれば、これほど幸せなことはありません。

本書にも書いた通り、今、「働き方改革」によって、サービス業の現場もさまざまなレベルで変化を迫られています。「育成は大事」ということは重々理解しつつも、物理的に時間と労力を割きにくくなっている企業も少なくないでしょう。ただ、それでも人財育成の重要性は変わることはありませんし、時代の変化に対応する中で、ますます重要になっているとも言えるでしょう。

そのような状況にあって、私は本書で繰り返し申し上げてきた「仕組み化」によって、最大の育成効果を上げていただきたいと考えています。私自身は、現場で厳しく育てられてきた経験を尊いものと感じていますし、それがあったからこそ今がある、とも感じています。ただ、言うまでもありませんが、昔は昔。それと同じことを繰り返すのが正しいわけではありませんし、今という時代に合わせた最適な育成手法が必要なのだと思います。

その意味では、本書に書いたさまざまな手法も、さらにバージョンアップさせていかなければならないはずです。本書を一つのきっかけにして、また多くの方々と意見交換をしながら、私自身もよりよい手法を追っていきたいと思います。

最後になりますが、忙しい時間を割いてインタビューに応じていただいたNATTY SWANKYの田中竜也副社長、あさひの下田佳史社長、三州ペイントの八藤丸貴実社長に心から感謝いたします。また、本書の執筆にあたっては、ライターの間杉俊彦さん、㈱ベンチャー広報の三上毅一さんにご協力いただきました。編集を担当していただいたダイヤモンド社人材開発編集部の小川敦行さん、大坪稚子さんにも合わせて感謝いたします。

米国マクドナルドの創設者レイ・クロックの「未熟であれば成長する。熟してしまえば腐り始める」(As long as you're green you're growing, as soon as you're ripe you start to rot.) という言葉を胸に、サービス業の未来を変えていきます。

最後までお読みいただき、ありがとうございました。

２０２０年3月

ホスピタリティ&グローイング・ジャパン　代表取締役会長　有本　均

[redacted]

［著者］
有本 均（ありもと・ひとし）
ホスピタリティ＆グローイング・ジャパン 代表取締役会長
グローイング・アカデミー 学長
1956年、愛知県生まれ。早稲田大学政治経済学部入学後、大学１年生からマクドナルドでアルバイトを始め、1979年、日本マクドナルド株式会社に入社。店長、スーパーバイザー、統括マネージャーを歴任後、マクドナルドの教育責任者である「ハンバーガー大学」の学長に就任。2003年、株式会社ファーストリテイリングの柳井正会長（当時）に招かれ、ユニクロの教育責任者である「ユニクロ大学」部長に就任。その後、株式会社バーガーキング・ジャパン代表取締役など、外食･サービス業の代表、役員を歴任する。2012年、株式会社ホスピタリティ＆グローイング・ジャパンを設立。日本マクドナルド、ユニクロ等を経験して得た「人財育成のノウハウ」を活かし、世界中のサービス業の発展を目指す。

全員を戦力にする人財育成術
離職を防ぎ、成長をうながす「仕組み」を作る

2020年４月１日　第１刷発行
2023年３月20日　第２刷発行

著　者――有本 均
発行所――ダイヤモンド社
〒150-8409　東京都渋谷区神宮前6-12-17
https://www.diamond.co.jp/
電話／03･5778･7229（編集）　03･5778･7240（販売）
編集協力――間杉俊彦、三上毅一
ブックデザイン――青木 汀（ダイヤモンド・グラフィック社）
写真撮影――大崎えりや（NATTY SWANKY）、水野真澄（あさひ）、東鶴昌一（三州ペイント）
校正――茂原幸弘
製作進行――ダイヤモンド・グラフィック社
印刷――八光印刷（本文）・ベクトル印刷（カバー）
製本――本間製本
編集担当――大坪稚子

ISBN 978-4-478-10982-3